HILFE, MEIN HUND ÜBERHOLT MICH RECHTS!

Dirk Maxeiner

Geständnisse eines Sonntagsfahrers

Mehr über unsere Publikationen und Autoren:
www.achgut.com

Achgut Edition ist ein Verlag der
Achgut Media UG (haftungsbeschränkt)

ISBN 978-3-9819755-3-6
© Achgut Edition, Verlag der Achgut Media UG (haftungsbeschr.), Berlin 2018
© Foto der Umschlagillustration: Fabian Nicolay, Berlin
© Foto des Autors auf Umschlag innen: Hanns Joosten, Berlin
Alle Rechte vorbehalten
Umschlaggestaltung und Satz: stadt land fluss GmbH, Berlin
Druck und Bindung: CPI books GmbH, Leck
Printed in Germany

Inhalt

Vorwort

Die Deutschen haben keinen Sinn für Humor? Und sie verstehen keine Ironie? Das halte ich für ein Gerücht. Deutschland ist nämlich ein saukomisches Land. Und es war noch nie komischer als heute. Ernsthaft jetzt. Zwischen Flensburg und Oberammergau werden am laufenden Band satirische Spitzenleistungen vollbracht, viele können lediglich nicht darüber lachen. Das finde ich schade und auch ein bisschen undankbar. Und deshalb bin ich auf die Idee zu diesem Buch gekommen. Ich schreibe seit Jahren eine sonntägliche Kolumne namens „Sonntagsfahrer" für *Die Achse des Guten (www.achgut.com)*. Darin geht es um Gott und die Welt, vor allem aber um Deutschland. Deutschland ist schon ziemlich komisch, wenn man die Zeitung liest, die Tagesschau ansieht oder neue Gesetzes-Texte studiert. Noch komischer wird es, wenn das, was man da erfährt, auf den Alltag und den gemeinen Mitmenschen trifft. Da muss man nur zuhören. Übrigens: Am Anfang will ich meist ganz ernsthaft schreiben, so wie es sich für einen ordentlichen Journalisten mit volkspädagogischem Verantwortungsgefühl gehört. Doch während ich einen Sachverhalt drehe und wende, wird er irrer und irrer. Es passiert einfach. Und es ist keine Satire, sondern die Wirklichkeit. Da kann man nix machen. Sorry.

Wild und Hund

Kein Maulkorb für Chico

Eine Bahnfahrt in der vergangenen Woche hob meine Stimmung enorm. Das lag aber weder an der Bahn noch an mir. Ich war schlecht gelaunt und die Bahn schlecht organisiert, also alles normal. Es lag an Chico. Er ist eine Promenadenmischung von der Größe eines Dackels, stammt aus Tel Aviv und hat vermutlich sehr multikulturelle Vorfahren, sagt sein Herr. Chico hat das Killer-Gen, allerdings nur, was weibliche Herzen anbetrifft. Ständig muss man Auskunft über Rasse, Alter und Namen geben, dann folgt nach einem offenbar vorprogrammierten Ritual der Austausch von Zärtlichkeiten. Und das kann dauern. Will sagen: Wer nicht unhöflich sein will, muss für einen Ausflug viel Zeit einplanen. Chico wurde mir zwecks Überführung von Berlin nach Augsburg als Beförderungsfall übergeben. Oder besser gesagt: Er wurde mir in letzter Minute aufs Auge gedrückt, damit ich keine Zeit hatte, um eine Ausrede zu finden. So wurde ich zum mobilen Hundesitter. Und Chico war auf dieser Fahrt mein Medium.

Es ging erst mal los wie üblich. Der Zug fuhr in umgekehrter Reihenfolge ein, dies wurde den wartenden Beförderungsfällen aber nicht mitgeteilt. Chico und ich mussten daher nach der Abfahrt vom ersten Wagen in den letzten Wagen marschieren. Und nicht nur wir beide, sondern alle, die einen festen Sitzplatz gebucht hatten. Unser Ausflug zog sich hin, siehe oben. In der Mitte des Zuges traf sich die Völkerwanderung, was zu einem sehr unterhaltsamen Gemeinschaftserlebnis führte. Chico fand das prima – wann kann man schon mal so viele Leute in so kurzer Zeit beschnuppern.

Das meine ich auch im übertragenen Sinn, denn als wir endlich in Wagen 14 angelangt waren, begrüßte eine nette Frau in Bahnuniform zuerst Chico und dann mich. An Chico gerichtet sprach sie die Worte: „Diese Idioten lernen das nie." Ich daraufhin: „Was lernen die nie?" Sie: „Na, die umgekehrte Zugreihenfolge anzusagen." Ich wollte sie ein wenig aufmuntern und meinte beruhigend: „Idioten gibt es überall." Sie daraufhin: „Nein, so viele Idioten gibt es nicht überall." Mein deeskalierender Vorschlag zur Güte: „Ich glaube, die sind nicht von Natur aus Idioten, die haben das studiert."

Dann gab es kein Halten mehr. Als Begleiter von Chico gilt man irgendwie sofort als Vertrauens-Obmann. Selbst ein Hells Angel kommt mit Chico an der Leine rüber wie der Friedensbeauftrage von *Ärzte gegen den Atomkrieg*. Der diensthabende junge Mann aus dem Bord-Bistro, der gerade Kaffee verteilte, hielt inne und wandte sich zu mir: „Neulich haben sie Ansichtskarten verteilt, da stand so ungefähr drauf, dass ein Kind viel häufiger lacht als ein Erwachsener – und dass man doch lieber lachen sollte als sich aufzuregen." Ich zurück: „Ist ja nicht ganz falsch." Er: „Ja, aber wir sollten diese Botschaft an Fahrgäste verteilen, wenn der Zug ein paar Stunden Verspätung hat oder überhaupt nicht weiterfährt." Ich: „Oh, das ist möglicherweise keine besonders gute Idee." Er: „Eben."

Wie das so beim Beschnuppern ist, spüre ich einen vertrauten Geruch. Ich beschließe, die politische Testphase zu eröffnen, schließlich hab ich mit Chico die perfekte Tarnung. „Möglicherweise sollten Sie diese Trost-Karten dem Bundeskanzleramt empfehlen, Frau Merkel kann sie dann an die Bevölkerung verteilen."

Inzwischen lauschen etliche andere Fahrgäste, wie mir scheint mit zustimmenden Mienen, unserem Ping-Pong. Dann kommt der Schaffner hinzu, der die Fahrkarten kontrolliert, aber ebenfalls eine verschwörerische Stimmung wittert. Er begutachtet meinen Fahrausweis und sagt mit deutlichem Berliner Akzent: „Sie wollen also ins Seehofer-Land, Sie Glücklicher."

Dann fragt er: „Und wo ist der Fahrschein für den Hund?" Ich sage: „Der braucht keinen, der ist zu klein." Er: „Das ist ein Grenzfall." Ich: „Genau, er hat seinen Pass gefressen und ist außerdem unter 18." Wir haben inzwischen die ungeteilte Aufmerksamkeit des Abteils und ich überlege, ob ich nicht auf einen Tisch steigen und eine feurige Revolutionsrede halten soll. Leider kann ich den inneren Schweinehund nicht überwinden. Chico liegt lammfromm wie ein Kaninchen unter mir und hat angefangen zu schnarchen.

Das entbindet den Schaffner aber nicht von der Pflicht, mich an seine Dienstvorschriften zu erinnern, schließlich stehen wir unter Beobachtung der Öffentlichkeit: „Haben Sie einen Maulkorb dabei? Das ist Vorschrift." Ich daraufhin: „Maulkörbe sind ja gerade groß in Mode, ich bestehe aber auf das Grundrecht der freien Meinungsäußerung." Das Bordbistro ergänzt: „Mir würden sie am liebsten auch einen verpassen." Ich schaue mich um und habe das Gefühl, dass gleich jemand zum Sternmarsch auf Berlin aufrufen könnte. Chico bekommt jedenfalls unbürokratisch eine Freifahrt ohne Maulkorb. Sollte ich irgendwann mal um politisches Asyl nachsuchen müssen, dann werde ich es zuerst im ICE zwischen Berlin und Augsburg versuchen.

Nachbemerkung: Was ich damals nicht wusste: Es war Chicos letzte Bahnfahrt. Er verabschiedete sich kurz darauf von unserer Welt ebenso, wie er in sie hineingekommen war: Plötzlich und unerwartet. Rest in Peace, Chico!

Klingeln und Jaulen

Paul wohnt gegenüber. Paul ist mein Freund, obwohl wir uns selten sehen. Wir kommunizieren im Regelfall durch eine dicke Hecke, die zwischen seiner Hütte und meiner Terrasse wächst. Wenn ich rüber rufe „Alles klar, Paul?", dann bohrt sich eine winselnde Nase durch das Gestrüpp, und ich lege kurz meine Hand darauf. Paul vertraut mir blind. Es handelt sich bei Paul um einen schwarzweiß gemaserten Deutsch-Kurzhaar, ich selbst bin ein grauer Deutsch-Kurzhaar.

Bei Wikipedia heißt es über den Deutsch-Kurzhaar: „Er lässt sich leicht abrichten und ist zudem ein anhänglicher Begleithund. Er passt sich gut an das Leben in der Familie an und ist bei richtigem Umgang freundlich zu Kindern, jedoch benötigt er viel Bewegung und entsprechende Aufgaben. Geeignete Beschäftigungen sind alle Formen der Nasenarbeit, wie Fährtenarbeit und Apportiertraining."

Meine Frau findet das ziemlich treffend. So gehört es zu meinen Aufgaben, einmal in der Woche bei Aldi und Lidl die Sonderangebote zu apportieren. Meine Nasen- und Fährtenarbeit sagt mir beispielsweise für kommende Woche, dass es Rinder-Sauerbraten, Pulled Pork, Frescobaldi 2015 Toscana und Ariel „3 in 1 Pods" gibt.

Vielleicht verstehen Paul und ich uns deshalb so gut. Pulled Pork ist auch eher was für Paul – Chappi ist auf Dauer langweilig. Vielleicht verstehen wir uns aber auch, weil wir beide ausgesprochene Stadtbewohner sind. Unsere Häuschen stehen wie eine Insel mitten in der großen Stadt. Sie ist im Laufe der Zeit einfach darum herumgewachsen. Hecken und ein paar efeubewachsene Mauern schirmen uns ein wenig von den Blicken der Passanten ab. Als Stadtbewohner wird man zwangsläufig zu einem akustischen Wesen, weil es ständig was zu hören gibt.

In meiner unmittelbaren Nachbarschaft residieren drei Kirchen, eine moderne Betonversion, eine klassische und eine mit Zwiebelturm – wir sind in Bayern. Eine davon läutet immer oder schlägt die Viertelstunde, weil die verschiedenen Konfessionen offenbar jeweils eigene Vorstellungen über die Uhrzeit haben. Besonders die mit dem Zwiebelturm, die zeigt aus irgendeinem Grund die Ortszeit von Los Angeles an. Das gibt meiner Wohnlage ein internationales Flair.

Das ständige Gebimmel hat etwas kontemplativ Beruhigendes, wenn man sich erst einmal daran gewöhnt hat. Es entspannt mich so ähnlich wie einen Bauern, der auf der Alm das Geläut seiner Kühe hört und weiß, es ist alles in Ordnung. Wenn nix mehr bimmelt, wird er unruhig. Ergänzt wird der christliche Soundtrack durch das Tatütata der Polizeistation um die Ecke. Mein in Jahren geschulter Eindruck ist folgender: Bei kleineren Karambolagen fahren sie ganz gelassen los, bei Diebstahl machen sie das Blaulicht an, bei Körperverletzungen kommt die Polizeisirene hinzu. Anhand der Frequenz der Einsätze habe ich einen sehr genauen Überblick über die örtlichen Aktivitäten von Kriminellen und Rasern. Sagen wir mal so: Es ist nicht weniger geworden.

Bei Paul löst die Polizeisirene sofort einen Nachahmungseffekt aus. Er fängt dann an zu heulen, wie ein Wolf. Und das hört dann der Schnauzer drei Häuser weiter – und fängt ebenfalls an zu jaulen. Den Schnauzer wiederum hört ein Schäferhund in den weiter entfernten Wohnblocks, worauf auch der anfängt, den Mond anzubeten. Da es sich um eine akustische Signalübertragung handelt, vollzieht sich das Ganze in Schallgeschwindigkeit. Die Botschaft wandert dann in einer Signalkette von Augsburg nach München und womöglich weiter bis Rom oder Barcelona. So funktionierten früher Signaltürme. Als ich neulich in Barcelona einen Hund heulen hörte, sagte ich sofort zu meiner Frau: „Jetzt hat in Augsburg einer eingebrochen."

Für einen strukturierten Tag sorgt ferner die Straßenbahn, die keine zehn Meter entfernt vorbeifährt. Das hört man kaum, man spürt es nur. Man nennt das wohl Körperschall. Klingt wie eine U-Bahn in großer Tiefe. Und strukturiert den Tag. Die erste fährt morgens um halb fünf, die letzte nachts um halb eins. Tagsüber sogar im Fünf-Minuten-Takt. Wer mir eine Uhr schenkt, macht mir nicht wirklich eine Freude.

Im Sommer, wenn es heiß ist, sind die Gleise weich wie durchgekochte Spaghetti, und es rumort nur ganz entfernt. Im Winter, wenn der Stahl gefroren ist, dann klingt es, als sei der Mauna Loa neben dem Schlafzimmer ausgebrochen. Sollte ich das Haus mal verkaufen, werde ich es im Sommer tun. Die globale Erwärmung ist auf meiner Seite.

Das moderne Amazon-Unwesen bringt es ferner mit sich, dass immer häufiger ein Auslieferungs-Schnelllaster im Weg herumsteht. Dann kann die Straßenbahn nicht weiter. Nun besitzt die kein angenehmes Signalhorn wie ein Lastwagen oder ein Schiff. Nein, sie ist mit einer ziemlich schrillen Klingel ausgestattet – zumindest in Augsburg. Bimbimbim. Das geht ja noch. Aber die Augsburger Straßenbahn-Klingeln können ausgesprochen wütend werden. BIMBIMBIMBIM! Es ist die Hölle. Paul jault dann nicht mehr, er verzieht sich winselnd in seine Hütte. Liebe Autofahrer, vergesst eure Fanfaren und baut euch eine Augsburger Straßenbahnklingel ein. Damit habt ihr ein Überholprestige wie Elias, als er mit seinem feurigen Wagen gen Himmel fuhr.

Sehr hübsch sind im Übrigen auch verbale Auseinandersetzungen auf dem Bürgersteig, die Paul und ich meistens ignorieren. Manchmal haben sie aber auch einen gewissen Unterhaltungswert. So wie neulich, als eine junge weibliche Streifenbeamtin aus irgendeinem Grund vor dem Haus einen Betrunkenen gestellt hatte. Es muss sich um eine Zufallsbegegnung gehandelt haben, denn die schmächtige Frau war allein. Dennoch verlangte sie beherzt die Personalien ihres Gegenübers, was dieser mit einer erlesenen Kollektion bayrischer Schimpfworte beantwortete. Er hob drohend die Arme, brauchte sie aber zum Glück, um das Gleichgewicht zu halten.

Ich gesellte mich in schlichtender Absicht hinzu und teilte den streitenden Parteien mit, man möge doch den Dialog suchen und auf keinen Fall den Gesprächsfaden abreißen lassen. Der Betrunkene murmelte etwas von „bekloppter Halbdackel", die Polizistin sagte gar nichts und dachte nur laut. Über ihrem Kopf erschien eine große Sprechblase, und in der stand: „Heißt dieser Idiot vielleicht Steinmeier?"

Das Ganze zog immer mehr Publikum an, doch die angeforderte Verstärkung wollte nicht kommen. Als endlich der Streifenwagen auftauchte, hatte der Missetäter sich im allgemeinen Tohuwabohu aus dem Staub gemacht. Die beiden Kollegen entschuldigten sich damit, sich verfahren zu haben, was auf den 100 Metern von der Wache zum Tatort eine echte Leistung darstellt.

Die Polizistin bedachte die beiden daraufhin mit einer Schimpftirade, die sie unmittelbar zuvor von dem Betrunkenen gelernt hatte. Wortgleich. Und auch im Originaldialekt. Ein echtes Sprachtalent. Die beiden Kollegen hatten etwas gutzumachen und sprinteten zu Fuß los, um den Unhold doch noch zu schnappen. Sie ließen ihren Streifenwagen mitten auf den Straßenbahnschienen stehen.

Und jetzt kam es, wie es kommen musste: Es entstand ein regelrechter Straßenbahnstau, der nach einiger Zeit in wütendes Geklingel mündete. Daraufhin setzte sich – es war ja inzwischen alles verstopft – auf der Wache ein weiterer Streifenwagen mit Tatütata in Bewegung. Paul begann sofort zu jaulen und zehn Minuten später wussten sie in Barcelona: In Augsburg ist mal wieder die Hölle los.

Hilfe, mein Hund überholt rechts!

Mein Freund Richard kehrte gerade aus seinem Schweden-Urlaub zurück. Drei Wochen Regen. Ununterbrochen. Und wer war schuld? Natürlich der Hund. Hunde verändern die Urlaubsgewohnheiten. Hundebesitzer bevorzugen Ziele, die man mit dem Auto erreichen kann. Und Hundebesitzer bevorzugen Ferienhäuser. Zum Beispiel solche in Schweden. Richards mittelgroßer Pudel ist der Sonnenschein seiner Kinder und nach Aussage seines Besitzers ein Universalgenie auf vier Beinen, das locker die Kriterien für die Oberstufe eines Berliner Gymnasiums erfüllen würde. Also fuhr man, um dem Tier einen Gefallen zu tun, nach Schweden, obwohl die Gegend nicht gerade von der Sonne verwöhnt ist.

Ich kenne das mit dem Hunde-Urlaub. Besonders lebhaft erinnere ich mich an die Reisen mit Fritz. Fritz hieß mein Riesenschnauzer. Er hatte noch kupierte Ohren und einen Stummelschwanz und sah daher aus wie eine Mischung aus Nosferatu und Mr. Spock. Man könnte auch sagen: Er sah aus, als ob er Gauland wählen würde. Mit so einem Hund kam eigentlich nur Frankreich als sicheres Zielland in Frage. Die Franzosen lieben große Hunde. Alle anderen neigen zu rassistischen Vorurteilen und haben Angst, zumindest in den südlichen Ländern.

Wegen meiner Frankreich-Vorliebe hatte ich Fritz überhaupt erst Fritz genannt. Die Franzosen gaben den Deutschen im Laufe der Geschichte verschiedene nette Schimpfnamen. Vor allem Ende des 19. Jahrhunderts war „Fritz" in Deutschland ein häufiger Vorname, als Kurzform von Friedrich, einem Vornamen, den die preußischen Hohenzollern besonders schätzten. „Les Fritz", das war für die Franzosen das Synonym für den Deutschen an sich. Fritz wurde auch abgewandelt in Fridolin, Frisé oder Frisou.

Mein Schwiegervater hielt die Namensgebung für den Hund Zeit seines Lebens für einen familiären Komplott, schließlich hieß er ebenfalls Fritz. Bei Besuchen nannte ich Fritz deshalb neutral „Das Hund". Fridolin, Frisé oder Frisou wären möglicherweise falsch interpretiert worden. Mit „Das Hund" darf ich im Übrigen als einer der Pioniere der gendergerechten Sprache gelten. Fritz wusste von alledem nichts und bestand weiterhin darauf, Fritz zu sein, weshalb wir ihn bei einem Besuch einmal nur mit Mühe davon abhalten konnten, den Sonntagsbraten anzuschneiden.

Mein schwarzer Frisou war eine deutsche Landpomeranze und benahm sich während Ausflügen in die große weite Welt entsprechend daneben. Während eines Zwischenstopps in Paris fiel er auf, weil er die coole gelangweilte Art der großstädtischen Artgenossen nicht abkonnte. Er wollte ständig Pariser Schäferhunde verprügeln. Der kulturell-ästhetische Gegensatz zwischen der urbanen Elite und dem Proll vom Land wurde mir damals erstmals klar.

Die zugegebenermaßen nicht besonders subtile Ironie des Namens Fritz wurde von den Franzosen sofort verstanden und kreativ zu Ende gedacht. Als ich meinen vierbeinigen Raufbold wieder mal mit den Worten „Fritz, es reicht" zur Ordnung rief, nahm ein Passant neben mir Haltung an, simulierte mit der Faust auf dem Kopf eine Pickelhaube, prustete mit den Backen einen preußischen Marsch und überquerte im Stechschritt den nächsten Zebrastreifen.

Wir sind dann weitergefahren an die Loire, wo ein Hausboot auf uns wartete. Wir waren damals mit einem extrem angejahrten amerikanischen Straßenkreuzer unterwegs, der eine durchgängige vordere Sitzbank besaß. Fritz saß dort immer aufrecht zwischen meiner Frau und mir. Von hinten durch die Heckscheibe betrachtet sah das dann wegen seiner spitzen Ohren aus, als habe in der Mitte Batman Platz genommen. Nachfolgende Autofahrer veranstalteten immer wieder waghalsige Überholmanöver, nur um herauszufinden, was da für Gestalten im Auto saßen.

Tiere, die kleiner als er waren, interessierten Fritz übrigens überhaupt nicht, es sei denn, es handelte sich um eine Katze. Sein Weltbild bestand im Wesentlichen aus Katzen und Nicht-Katzen. Das hatte er mit Alf gemein. Tiere, die größer waren als er, spornten Fritz stets zu Meisterleistungen an. So trieb er während einer ländlichen Gassi-Pause eine Herde von Charolais-Rindern auf ihrer Weide vorschriftsmäßig zusammen und hielt sie in Schach. Wo er das gelernt hatte, ist mir schleierhaft, offenbar war er ein hüterisches Naturtalent. Gott sei Dank konnte ich ihn evakuieren, bevor der Bauer mit dem Schießgewehr auftauchte.

Ein Hausboot als Urlaubsort erschien mir damals übrigens der beste Kompromiss zwischen Ferienhaus und Abwechslung. Und zwar zu Recht: Bei der Ankunft beförderte Fritz den Königspudel des Vermieters sofort ins Hafenbecken, weil er der irrtümlichen Meinung war, der Pudel wolle uns auf der weiteren Reise begleiten. Um den Überblick zu bewahren, richtete sich Fritz dann auf dem Dach des Hausbootes ein, was aber nicht lange gutging. An einer niedrigen Brücke war nach oben zu wenig Luft, und Fritz landete im Kanal Nivernais. Die Szene erinnerte mich an Spielfilme, in denen der Held und der Bösewicht auf dem Dach eines fahrenden Zuges miteinander kämpfen, während im Hintergrund bereits der Tunnel auftaucht.

Der Kanal Nivernais ist 174 Kilometer lang und wird von 110 Schleusen unterbrochen. Besonders die sogenannte „Schleusentreppe" von Sardy besticht durch hohe therapeutische Wirkung: Auf einer Strecke von gerade mal fünf Kilometern müssen 27 Schleusen passiert werden. Spätestens am ersten Schleusentor machen Bootsneulinge, kaum von der Lichthupe entwöhnt, eine interessante Erfahrung: So ein Schiff hat keine Bremse, aber viele Tonnen dynamische Masse.

Ungläubig und starr vor Schreck suchen die flotten Neukapitäne nach dem Bremspedal. Doch da ist nichts. Ein Hausboot in seinem Lauf, hält weder Ochs noch Esel auf. Die Charterfirmen beantworten die Frage nach der Intelligenz ihrer Kundschaft ziemlich eindeutig: Um jedes Hausboot zieht sich ein stabiler Gummipuffer vom Format eines Lastwagenreifens. Statt der erträumten eleganten Motorjacht erwartet den Reisenden so eine Art nautischer Autoscooter.

Mit einem furchtbaren Krachen endet die Fahrt am Schleusentor oder aber im Heck des Vordermanns. Der peinliche Vorfall wird dann durch ratloses Heben der Arme (Franzosen) oder heftiges Anschnauzen der übrigen Familienmitglieder (Deutsche) kompensiert. Selbstverständlich ist Papi immer am Steuer – und genauso selbstverständlich unschuldig an dem Malheur. Meine Hochachtung vor den an Deck befindlichen weiblichen Begleitpersonen wuchs von Schleuse zu Schleuse: Die deutsche Ehefrau ist ein Wesen von unendlicher Güte, Leidensbereitschaft und Loyalität. Als Lebens- und Schleusenabschnitts-Begleiterin ist sie einfach unschlagbar. Zu meiner Ehrenrettung muss ich sagen: Ich habe nicht meine Frau angeschnauzt, sondern Fritz. Der konnte das ab und hatte es immer verdient.

Wenn ich heute irgendwo einen Riesenschnauzer entdecke, was recht selten der Fall ist, freue ich mich jedes Mal. Inzwischen haben sie Schlappohren und einen langen Ringelschwanz, sind aber ansonsten die gleichen Rabauken. Bedauerlicherweise muss ich bei der allgemeinen Einstellung zu den Hunderassen einen gewissen Wertewandel feststellen. In Hundebüchern tauchen für Riesenschnauzer, aber auch für Schäferhund als Charakterisierung traditionell Worte wie „robust" und „belastbar" auf, kein einziges Mal jedoch „sensibel". Damit fehlt ihnen eine wichtige Eigenschaft, die heute zum guten Ton gehört.

Welcher Hund passt also in unsere Zeit? And the winner is: Der Golden Retriever, eine Rasse die ursprünglich zum Apportieren toter Enten gezüchtet wurde, aber schon lange als typischer

Familienhund firmiert. Er habe ein „sanftes Wesen", dem jegliche Form von „Aggressivität und Kampftrieb" fehle. Ein Verein, der zum Wohle dieser Rasse gegründet wurde, empfiehlt, bei der Erziehung der Welpen nicht zu verbissen vorzugehen. Welpenkurse seien deshalb nicht „mit einem Prüfungszwang verbunden". So hat moderne Pädagogik auch in Hundeschulen ihren Platz gefunden. Das deutsche Ideal wird vom Golden Retriever vollendet repräsentiert, denn die Experten bescheinigen ihm „niemals aggressiv" zu sein, auch sei „sein Schutztrieb im Vergleich zu anderen Hunderassen – wenn überhaupt – nur rudimentär entwickelt". Welcher Hund könnte besser in die Zeit passen? Zu seinen Wesensmerkmalen, so das Rasseportrait im Internet, gehöre das „Gefallenwollen". Fritz, I miss you.

Das Untier des Jahres

Nachdem das Unwort des Jahres („alternative Fakten") mit großem Erfolg ausgerufen wurde, möchte ich hiermit einen neuen Verdienstorden proklamieren: Das Untier des Jahres. Die Anzahl der Beine ist dabei nicht vorgeschrieben, es können zwei, vier, sechs oder auch mehr sein. Der erste Preis wird in diesem Jahr verliehen an – Trommelwirbel –: Die Wildsau.

Zumindest in Bayern kommt die Wildsau in zweibeiniger und vierbeiniger Form vor, sowie in allen Geschlechtsidentitäten, über deren Zahl ich gerade den Überblick verloren habe. Die Auszeichnung ist auch nicht diskriminierend, selbst bei der zweibeinigen Wildsau schwingt in Süddeutschland stets etwas Anerkennendes mit. Es handelt sich um ein Wesen, das durch eine gewisse Unangepasstheit und Mut sowie rustikale Manieren auffällt. Franz Josef Strauß beispielsweise war eine klassische Wildsau, alles was danach kam, verdient diesen Begriff nicht mehr, ein Löwe als Bettvorleger ist keine Wildsau.

Mein Preis für das Untier des Jahres geht deshalb an die vierbeinige Wildsau. Sie fällt den Bewohnern Deutschlands seit einiger Zeit durch Hausbesuche auf, wobei sie recht unhöflich gleich mit der Tür eintritt. Sie will die Bewohner auch nicht in ein religiöses Fachgespräch verwickeln, verwechseln Sie sie also nicht mit diesen netten Mormonen in ihren Konfirmationsanzügen.

In meiner Nachbarschaft wurde sie unlängst auch durch das Vorsprechen in einer Apotheke und einem Modegeschäft auffällig. Wildsäue haben ganz eigene Vorstellungen von einer passenden Möblierung und tendieren dazu, die Einrichtung ein wenig neu anzuordnen. Sie orientieren sich dabei an der Lehre des Feng Shui. Das sind laut Schöner-Wohnen-Magazinen unterschiedliche Einrichtungsmethoden, welche den Fluss der Lebensenergie Chi anregen. Die Wildsau liebt es kleinteilig.

Ich selbst traf kürzlich eine ganze Großfamilie. Ich fuhr in tiefer Nacht durch das Donau-Ries, rechts und links der Straße ein Spalier von Maisfeldern. Nebel waberte über die Fahrbahn, und ich erkannte im Scheinwerferkegel zwei leuchtende Augen, ein Paar etwa 15 Zentimeter lange Stoßzähne und etwa 200 Kilo Lebendgewicht, die relativ gemütlich über die Straße trotteten. Ich stoppte das Auto sofort, denn das war nur die Vorhut, also der Chef oder die Chefin der Sippe. Ein paar Sekunden später erfolgte der galoppierende Familiennachzug. Wildsäue haben sehr eigene Vorstellungen von der Straßenverkehrsordnung.

Wildschweine lieben Maisfelder. Die Sau betrachtet die Energiepflanzen richtigerweise als Kraftfutter. Außerdem ist sie darin vor dem Jäger und seinem Schießgewehr sicher. Die großflächigen deutschen Maisplantagen, die Nachschub für Biogasanlagen liefern sollen, gelten als einer der Gründe, warum sich die Wildsäue in unserem Land vermehren wie die Karnickel (wobei sie diesen entwürdigenden Vergleich natürlich von sich weisen würden). „Wir haben das Umland in ein Schweineparadies verwandelt. Wir bauen um ein Zigfaches mehr Mais an als früher. Und Wildschweine lieben Mais", sagt beispielsweise Derk Ehlert, er ist so eine Art Wildschweinbeauftragter der Stadt Berlin. Einfach gesagt: Die deutsche Energiewende ist das größte Wildsau-Zuchtprogramm aller Zeiten.

Die Abschusszahlen von Wildschweinen haben sich in den letzten Jahrzehnten verzehnfacht, jährlich werden derzeit etwa 600.000 Wildsäue zur Strecke gebracht. Das gibt nur Auskunft über den Trend der Populationsentwicklung – wie viele Wildsäue insgesamt tatsächlich unter uns weilen, weiß kein Mensch, denn diese Untiere verweigern jegliche Volkszählung. Der Datenschutzbeauftragte hätte seine Freude an ihnen.

Nachdem unsere kluge Regierung zuerst Prämien für den Anbau von Mais ausgelobt hat, werden jetzt Prämien für den Abschuss von Wildsäuen bezahlt. In Hamburg gibt's 100 Euro Kopfprämie, in Niedersachsen 50 Euro. Ein wenig als Problem gilt dabei: Je mehr Wildsäue abgeschossen werden, desto schneller vermehren sie sich in ihren maisgeschützten Lottersuhlen. Als Überträger der afrikanischen Schweinegrippe machen sie sich bei den Bauern gerade zusätzlich unbeliebt.

Hier deshalb kurz mein aktueller Energiewende-Wildsau-Bericht: Erst subventioniert unser geschäftsführendes Fachpersonal per Energiewende gigantische Maisanplantagen. Daraufhin explodiert die Wildschwein-Bevölkerung. Nun korrigieren wir die erste Fehlentscheidung mit der nächsten Fehlentscheidung. Wir subventionieren jetzt den Abschuss von Wildsäuen. Woraufhin sie sich noch schneller vermehren. Ich fürchte, dieser Rüstungswettlauf spitzt sich zu und strebt einer Lösung à la Kim Jong-un zu. Final wird es auf eine Wildsau-Neutronenbombe zur Rettung der Energiewende hinauslaufen. Es wäre ja ohnehin am besten, das Land zur Erreichung der Klimaziele komplett stillzulegen. Vielleicht überlassen wir die Republik aber auch ganz einfach den Wildsäuen. Die sehen allerdings so aus, als ob sie rechts wählen würden.

Nehmen wir einmal an, es gibt nur dreimal so viel Wildsäue, wie jährlich abgeschossen werden, dann wären das knapp zwei Millionen Schwarzkittel. Bei rund 80 Millionen Einwohnern kommt also eine Wildsau auf 40 Bundesbürger (zweibeinige Wildsäue nicht eingerechnet). Sollte es zu einer kriegerischen Auseinandersetzung zwischen beiden Gruppen kommen, sehe ich schwarz. Wildsäue sind paramilitärisch geschulte Zeitgenossen, sozusagen die GSG 9 im deutschen Wald.

Mein schönstes Wildsau-Erlebnis hatte ich aber nicht in Europa, sondern im afrikanischen Namibia. Da verbrachte ich vor vielen Jahren ein paar Tage auf der Okonjima-Farm, die damals ein paar Zelte als Unterkunft für Touristen vermietete. Zum Personal gehörte ein zahmer Pavian namens Elvis, ein junger Löwe namens Matata sowie ein Warzenschwein, genannt Miss Piggy. Alle drei hatten keine besonders guten Manieren.

Der Pavian hielt sich für Clint Eastwood. Während meines Besuches hat er eine Besucherin an den Haaren gezogen, das Abendessen geklaut und einen Fotografen in den Hintern gebissen. Matata, der junge Löwe, war nur faul. Ein typischer Dialog des Farmer-Ehepaars zu dem Nichtsnutz: Sie: „Übrigens, dein Löwe liegt unter unserem Bett und furzt." Antwort er: „Es ist auch dein Löwe." Ja und jetzt raten Sie mal, wer Herrscher im Ring war: natürlich Miss Piggy, das Warzenschwein.

Piggy besaß den Augenaufschlag einer Operndiva, sah aber ansonsten aus wie der Glöckner von Notre-Dame. Im Übrigen war sie ein als Warzenschwein verkleideter Wachhund. Sie hatte den hinteren Hof samt Lieferanteneingang unter sich. Sie raste ständig umher, wobei ihr Schwanz senkrecht in der Luft stand wie eine Funkantenne. Ich habe immer nach jemandem Ausschau gehalten, der die Fernsteuerung für dieses Viech betätigte. Da war aber keiner. Besonders nachts auf dem alkoholschweren Weg vom Farmhaus zum Zelt.

Da donnerte eine riesige schwarze Billardkugel an mir vorbei, wendete und suchte mich nach Möhren ab. Vorsorglich hatte man mir eine Karotte mitgegeben. Nach Übergabe des Lösegelds durfte ich passieren. Miss Piggy machte mir daraufhin jeden Abend ihre erpresserische Aufwartung. Wildsäue lernen extrem schnell. Sie wissen beispielsweise, wie man Türklinken runterdrückt, und vererben dieses Können sogleich der Brut. Lassen Sie also niemals eine Wildsau hinters Steuer Ihres Autos. Es passiert doch auch so schon genug.

Hundesitter in Paris

Das Überraschende finden wir erst dann, wenn wir nicht nur das machen, was wir uns vornehmen. Als ich in den späten 70er-Jahren das erste Mal nach Paris kam, hatte ich mir viel vorgenommen: Eiffelturm und Champs Elysées, Louvre und Centre Pompidou, Versailles und Flohmarkt. Ein befreundeter Fotograf hatte mir seine Wohnung am Boulevard Beaumarchais überlassen. Einzige Bedingung: Ich müsse während seiner Abwesenheit seinen Hund betreuen. Das Tier sei aber fromm wie ein Lamm. Was ich nicht wusste: Bei dem Hund handelte es sich um eine Deutsche Dogge, mit einem ebenso deutschen Namen: „Ludwig". Er war tatsächlich fromm wie ein Lamm, allerdings sperrig wie ein Pferd.

Der noch junge, aber riesige Hund schloss mich sofort ins Herz. Seine Zunge entpuppte sich als feucht und groß wie ein Waschlappen. „Der Hund versteht nur Französisch und das auch nur, wenn er will", klärte mich sein Besitzer auf. Die Befehle „Viens ici!" (komm' her) und „coucher!" (leg dich hin) würden mitunter befolgt. Außerdem, so fügte er dann noch hinzu, „bleibt er nicht gerne alleine zuhause – er frisst dann die Sessel." Will sagen: Ich würde Ludwig auf Schritt und Tritt mitnehmen müssen. Mir dämmerte sofort, dass ich keineswegs das machen würde, was ich mir vorgenommen hatte. Der Louvre und der Eiffelturm waren gestorben und ich auf den Hund gekommen. Bonjour Tristesse.

Da Ludwig weder mit der Metro noch mit einem Taxi kompatibel war, war ich auf den Fiat-Kleinwagen seines Besitzers angewiesen. Rost und das rabiate Pariser Verkehrsgeschehen hatten diesem Fahrzeug eine Aura gegeben, die man heute wohl als „authentisch" bezeichnen würde. Außerdem war es aufgrund des intensiven Hunde-Geruchs nur mit offenen Fenstern benutzbar. Schaltknauf und Kopfstützen hatte Ludwig bereits angefressen, am Lenkrad arbeitete er noch. Ich fuhr gewissermaßen mit Ludwigs Hundehütte durch die Stadt. Da das Auto über ein Pariser Kennzeichen verfügte, konnte ich weder auf mildernde Umstände noch sonst irgendwelche Nachsicht im Straßenverkehr hoffen. Das stählt und fördert das Orientierungsvermögen ungemein.

Nach 14 Tagen war ich bereits in der Lage, meinen neuen Wohnsitz aus jeder Himmelsrichtung und ohne Zuhilfenahme eines Stadtplans anzusteuern. Mitunter wurde ich bei der Parkplatzsuche allerdings wieder kilometerweit abgetrieben. Navigationssysteme gab es noch nicht, der junge Mensch von heute kann sich diesen Zustand vermutlich absolut nicht vorstellen. Ein Auto ohne „Navi" ist ja fast so, als habe jemand ein Sinnesorgan amputiert.

Der Mensch lernt langsam und verlernt schnell. Anstatt sich Wegmarken und Fahrstrecken einzuprägen, vertraut er blind auf den kleinen Kasten und pflegt die Konversation mit seinem Beifahrer. Mit dem Ergebnis, dass beide keinerlei Vorstellung mehr davon haben, wo sie sich eigentlich befinden. Die urmenschliche Begabung, sich an den Himmelsrichtungen zu orientieren, ist ja schon lange verloren gegangen. Jetzt verlässt uns auch die zivilisatorische Befähigung, aus eigener Erinnerung an der zweiten Ampel rechts und dann hinter dem Kaufhof links abzubiegen. Nun, ich hatte ja Ludwig – und der besaß ein ausgezeichnetes Navigationssystem. Beispielsweise wenn es um die Lokalisierung der nächsten Chacuterie (Fleischerei) ging.

Ludwig, eigentlich von hellbrauner Farbe, war im Quartier bekannt wie ein bunter Hund. Pariser mögen große Hunde (in kaum einer Stadt der Welt gibt es mehr Hunde pro Einwohner als in Paris). Und so fraß sich die Nachricht von dem neuen Mann an Ludwigs Seite von der Concierge-Loge im Parterre hinauf durch die sieben Stockwerke unseres Hauses und wieder hinab. Dann nahm die Neuigkeit ihren Lauf entlang der Rue Saint Claude zum Friseur, von wo sie sich dann in alle Himmelsrichtungen zum Bäcker, zum Kaufmann und zum Bistro an der Ecke weiter verbreitete. Der Metzger wusste bereits bei meinem ersten Besuch Bescheid. Kaum hatte ich den kleinen Laden betreten, rief er seiner Gattin zu: „Liebling, schneide bitte zwei Kilo Boeff Bourguignon für Ludwig!" Er verabschiedete mich wie einen alten Freund und ich konnte seine Gedanken dabei lesen: „Welch ein guter Kunde. Zwei Kilo täglich. Mon dieu!"

Bepackt mit Metzgertüten und gezogen vom Hund stieß ich dann im Treppenhaus mit Isabelle zusammen. Gesichtszüge mit einem Hauch von Asien, schlank und hochgewachsen wie ein Lagerfeld-Modell. Mir blieb fast die Luft weg, und dies nicht wegen der vielen Treppen. Ludwig sabberte freudig am hellgrauen Kostüm der jungen Dame und wurde dafür auch noch mit ausgiebigen Streicheleinheiten belohnt. Die beiden kannten sich ganz offensichtlich schon länger. Isabelle begrüßte schließlich auch mich und erbot sich, den Hund am Sonntag morgen mit in den Bois de Boulogne zum Joggen zu nehmen: „Er braucht viel Auslauf." Ich gab daraufhin die einzige Antwort, die mein rudimentäres Französisch hergab: „Ich auch." Das war ungewohnt schlagfertig. Pariser lieben den schnellen Witz, die ironische Replik. Isabelle willigte ein: Treffpunkt Sonntag acht Uhr, vierte Etage rechts, zweimal kurz klingeln. Ich begann, meinen Paris-Aufenthalt zu mögen.

Zu meinem Leidwesen liebte Isabelle den Hund, mich betrachtete sie im wahrsten Sinne des Wortes als Begleiterscheinung. Paris ist ziemlich ungerecht. Andererseits haben wir dann doch noch viel zusammen unternommen. Dabei gaben wir ein etwas ausgefallenes Bild ab. Erstens dieses Astralwesen von Frau. Zweitens dieses Riesenbaby von Hund. Und drittens dieser Fritz, dessen Hund Ludwig heißt und mit dem er gebrochen französisch spricht: „Ludwig, viens ici!" So etwas mögen die Pariser, weil es ihre Fantasie beflügelt. Im Restaurant bekamen wir samt Hund stets einen guten Platz, gleichsam als Attraktion des Hauses. In einem

Straßen-Bistro am Place des Vosges band ich Ludwig an unserem Tisch im Freien an. Dann tauchte gegenüber eine attraktive Hundedame auf. Woraufhin Ludwig samt Tisch und dem darauf servierten Dinner die Straßenseite wechselte. Er hinterließ uns ratlos und mit einer ziemlich hohen Rechnung fürs Geschirr.

Die Straßen und Gassen um den Place de Bastille und das Marais haben wir auf unseren Streifzügen kaum einmal verlassen. Nach wenigen Tagen in der kleinen Welt dieser großen Stadt fing ich an, die ersten kleinen Privilegien zu genießen. Die gewünschte Zeitung am Kiosk lag morgens schon bereit, Stammplatz im Bistro und Trinkgewohnheiten waren dem Kellner bekannt, die Concierge nahm die Post des neuen Mitbewohners persönlich entgegen. In Paris geht nichts ohne solche Privilegien und jeder fängt mal klein an. Die arbeitende Bevölkerung begnügt sich meist mit dem kleinen Kosmos des eigenen Quartiers. Dem Neuling entblättert sich das Viertel nur allmählich und schichtweise wie eine Zwiebel.

Wie die meisten Pariser war Isabelle absolut nicht bereit, irgendwelche Sehenswürdigkeiten oder gar die Champs-Élysées aufzusuchen. Später habe ich das dann allein nachgeholt. Wenn ich heute an Paris denke, denke ich aber meist an jene chaotischen Tage, als ich nichts von dem tat, was ich mir vorgenommen hatte. Ludwig zog übrigens aufs Land und ist heute im Hundehimmel. Und Isabelle heiratete einen Mann, der Bugattis sammelt. C'est la vie.

Haija Safari

Viele Menschen geben sehr viel Geld aus, um dem Tierleben näher zu kommen. Sie buchen eine Safari – von Afrika bis Sumatra. Dabei wird immer mal wieder ein Reisender gefressen oder totgetrampelt, weil er ein Flusspferd mit der Milka-Kuh verwechselt. Sehr beliebt ist es auch, mit einem Alligator fangen zu spielen. Wer Geld sparen und trotzdem gefressen werden will, sollte sich in den nächsten Safari-Park begeben und – wie jüngst eine französische Familie – versuchen, einen vierbeinigen Carnivoren zu streicheln. Die alpenländische Variante besteht darin, eine Kuhweide aufzusuchen, auf der Rindviecher mit ihrem Nachwuchs wiederkäuen.

Es schreitet ja nicht nur die Fiffisierung des Mannes (Wolfgang Röhl), auch die Fiffisierung respektive Knutisierung des Verstandes macht große Fortschritte. Für den pazifierten Großstädter ist ein ausgewachsener Löwe so eine Art Golden Retriever, der ein bisschen Mundgeruch hat und ein bisschen sabbert, aber ansonsten durch gutes Zureden lammfromm wird. Wobei auch umgekehrt gewisse zivilisatorische Veränderungen feststellbar sind: So kursiert im Internet ein Video von einem Elefanten, der an einem Besucherauto in einem Nationalpark kostenlos den Reifen wechseln und den Ölstand prüfen will, sich dabei aber ein wenig ungeschickt anstellt.

Der einzige Löwe, den ich bisher persönlich kennengelernt habe, hieß Matata, und ich traf ihn während eines frühmorgendlichen Spaziergangs auf einer Farm in Namibia, die Tierwaisen aufzieht und auswildert. Ich erzählte bereits davon. „Matata" heißt übrigens „Problem". Gottseidank war das Problem erst ein paar Monate alt, 57 Kilo schwer und in Begleitung eines menschlichen Erziehungs-Beauftragten, der allerdings etwas entfernt an einen Baum pinkelte. Matata war deshalb der Meinung, er dürfe jetzt ein bisschen Fangen spielen. Als er mich entdeckt, wird er gaaanz ruhig, duckt sich gaaanz weit runter und schaut mir gaaaanz tief in die Augen.

Ich bleibe erschrocken stehen. Der Löwenkenner in mir sagt: Matata will dich jetzt fressen. Und der Löwenkenner in mir hat recht: Mit einem gewaltigen Satz springt Matata mich an, und ich gehe zu Boden. Das Viech freut sich riesig, dass ich so schön mitspiele. Es kaut mir freundschaftlich im Genick. Ich wusste übrigens gar nicht, wie rau sich so eine Löwenzunge anfühlt. In der Regel können die Betroffenen darüber auch nicht mehr berichten.

Matata bekommt einen Anschiss und tut so, als hätte ich angefangen. Der Erziehungsbeauftragte deutet dann noch auf Matatas großen Fußabdruck im Sand und gibt mir einen Tipp fürs Leben: „Wann immer du eine solche frische Spur in freier Wildbahn siehst, steckst du tief in der Scheiße."

Schwer beeindruckt hat mich auch der Besuch einer Rinderfarm im australischen Kimberley, die über ein paar Touristenzimmer und so einer Art Freiluft-Toilette verfügte. Australische Rinderzüchter sind mit einer besonderen Art von Humor ausgestattet. Und der sagte ihnen, dass es sehr lustig sei, eine schwarze Plastikschlange ins Regal neben dem Klo zu legen, die man aber erst sieht, wenn man auf der Schüssel Platz genommen hat. Nachdem dieser Schreck verdaut war, entdeckte ich dann morgens auf dem Rasierspiegel eine faustgroße Spinne. Hahaha, dachte ich, die verarschen mich nur einmal. Gerade wollte ich die Plastik-Imitation entfernen, da begann sie sich zu meinem Erstaunen zu bewegen ...

Doch auch die heimatliche Flora und Fauna bereitet immer wieder Freude und Überraschungen. So bin ich gestern morgen zur Bank gegangen, um Geld zu holen. Auf dem Weg liegt ein kleines Kirchlein, auf dessen Vorplatz jemand heimlich Futter für die Tauben auslegt, die mir anschließend die Garten-Garnitur vollscheißen. Während ich die Taubenversammlung passiere, unterläuft mir eine ruckartige Bewegung, die den ganzen Schwarm mit lautem Flattern in die Lüfte steigen lässt.

Ein Herr mit Hund beobachtet die Szene, wobei Haltung und Gesichtsausdruck des Hundes mir sagen, dass er jetzt auch gerne Tauben jagen würde. Darauf richte ich das Wort an den Hund: „Ja, mach schon!" Der Hund bellt aber mich und nicht den gurrenden Schwarm an. „Du sollst die Tauben jagen, nicht mich, du blöder Hund", weise ich das Tier auf seine evolutionär vorgesehene Rolle hin. Seinem Besitzer ist die Sache sichtlich peinlich. Wir sind in Bayern, da ist es schon ein schweres Schicksal, wenn der eigene Hund sich in der Friedensbewegung engagiert.

Freilaufende Hunde

Ich bin auf dem Lande aufgewachsen und wohne heute mitten in der Stadt. Dazwischen liegen einige Jahrzehnte und Erfindungen wie der Fahrradhelm und die Kacktüte für Waldi. Die Domestizierung von Mensch und Tier hat merklich an Fahrt aufgenommen, was das Leben sicherer und rücksichtsvoller gestaltet. Theoretisch zumindest. Praktisch haben sich die Risiken wohl eher verlagert, unsicher und rücksichtslos geht's immer noch zu, nur halt weniger beim Fahrradfahren oder Gassigehen.

Könnte man einen kleinen Jungen, der 1960 auf dem Land aufwuchs, direkt in eine heutige Großstadt beamen, so würde sich das Kerlchen doch sehr wundern. Selbst auf dem Dreirad sind Kinder schon mit Helm unterwegs. Es ist nur noch eine Frage der Zeit, bis sie auch ohne Dreirad mit Helm unterwegs sind. Fahrradhelme gab es damals noch gar nicht. Selbst die Fahrer ausgewachsener Motorräder bevorzugten es oben ohne, ein wahrer Kerl war ohne Helm unterwegs. Mit verwegenem Blick, filterloser Kippe im Mundwinkel und drei Schnaps als Zielwasser.

Eine Alkohol-Grenze wurde erst 1953 eingeführt – und die lag mit 1,5 Promille im beruhigenden Bereich der Volltrunkenheit. Die Geschwindigkeits-Begrenzung innerorts folgte dann 1957, es dauerte aber einige Jahre, bis das fahrende Volk sich damit abgefunden hatte. Eine Helmpflicht gibt es erst seit 1976. Das Verhältnis zum Risiko möchte ich einmal als entspannt bezeichnen. Im Internet gibt es dazu nette Erzählungen unter dem Titel „Wie konnten wir das überleben?" Wobei man fair sein muss: Viele haben es nicht überlebt. 1960 kamen in Deutschland etwa 15.000 Menschen im Straßenverkehr ums Leben, heute sind es etwa 3.000.

Ich will die alten Zeiten nicht verklären: Vieles hat sich zum Positiven geändert. Gegen Fahrradhelme und strenge Umweltvorschriften ist sicher nichts einzuwenden. Dennoch sind viele meiner Generation dankbar, relativ frei aufgewachsen zu sein. Dazu gehörte auch die Freiheit, Risiken einzugehen, Fehler zu machen, Gemeinheiten zu ertragen und Niederlagen einzustecken. Kein Politiker fühlte sich berufen, uns vor einseitiger Ernährung zu schützen. Das Verspeisen von Fliegen oder Würmern galt unter Jungs als erlesene Mutprobe. War auch nicht schlimmer als der Lebertran, den man uns gegen unseren expliziten Willen einflößte. Kein einfühlsamer Psychologe flankierte unsere Erziehung, Lebertran musste reichen. Bei Missetaten musste mit Konsequenzen gerechnet werden. Wurde bei Bubenstücken die Polizei hinzugezogen, so hatte diese sozusagen erzieherische Prokura und immer recht – genau wie unsere Lehrer. Beide waren sehr unsensibel. Es gab noch keine Betreuungs- und Beratungsindustrie und keine Eltern, die Erziehung mit fürsorglicher Sicherheitsverwahrung verwechselten. Vielleicht liegt das daran, dass immer mehr Erwachsene sich um immer weniger Kinder kümmern, wahlweise um Hund und Katz.

Auch als Haustier lebte man seinerzeit wild, aber gefährlich. Der Nachkriegs-Hund war ein relativ selbstbestimmtes Wesen, besonders in ländlichen Regionen. Zum Gassigehen benötigte er weder Herrchen noch Frauchen, sondern erledigte dieses Geschäft im Alleingang. Allgegenwärtige Hundescheiße gehörte zu den akzeptierten Lebensrisiken. Morgens wurde das Tier durch die Haustür in die Freiheit entlassen und kam dann irgendwann zurück, mitunter ziemlich zerrupft. Draußen galt es, im Kampf mit Konkurrenten und Automobilen zu überleben.

Wir besaßen damals einen Drahthaardackel mit dem Namen „Lumpi", den mein mit Holz handelnder Vater beim Kartenspielen von einem Förster gewonnen hatte. Ob Alkohol im Spiel war, weiß ich nicht, ich nehme es aber an. Der Dackel wechselte den Besitzer, nicht aber seine Gewohnheiten. Zu denen gehörte beispielsweise, jeden Samstag in den benachbarten Hühnerställen eine Henne zu erlegen.

Er apportierte die Beute fachgerecht und legte sie anschließend meiner Mutter vor die Haustür. Gleichsam als Morgengabe aus dem Dackelland. Die Nachbarn nahmen es nicht übel, sondern kamen routinemäßig vorbei, um zwei Mark für eine Henne zu kassieren. Mitunter wurde allerdings auch versucht, Lumpi Hühner unterzujubeln, die eines natürlichen Todes gestorben waren. Wir wussten aber: Wenn Lumpi eine Henne killt, dann bringt er sie auch mit. Der lässt nix liegen.

Über den jeweiligen Standort unseres vierbeinigen Freundes wussten wir meistens gut Bescheid, denn gegenüber residierte das örtliche Taxiunternehmen. Wenn Lumpi mal länger als einen Tag fernblieb, fragten wir dort nach, wo er von den Taxifahrern denn zuletzt gesichtet worden war. „Heute morgen hat er in Wengerohr einem Foxterrier ein Ohr abgebissen", lautete dann eine typische Auskunft. Es war also alles in Ordnung.

Zur Schulung seines Jagdtriebes ruhte der klassische Land-Hund der 6oer-Jahre in einem Hinterhalt an der Straße. Von dort aus attackierte er dann überfallmäßig Fahrrad- und Motorradfahrer und biss ihnen nach Möglichkeit in die Wade. Das Tier trug grundsätzlich keine Steuermarke, um eventuellen Opfern die Identifikation und Haftbarmachung des Besitzers unmöglich zu machen.

Die Einstellung der Hundebesitzer zu ihrem Vierbeiner war nicht ganz so sentimental wie heute, die Konsultation eines Tierarztes erfolgte nur in sehr seltenen Fällen, wenn überhaupt. Dennoch könnte ich mir vorstellen, dass so mancher Lumpi das Hundeleben in den 6oer-Jahren bevorzugen würde.

Menschen und Moden

Hauptsache frisiert!

Genau wie ein Auto, so braucht auch der Mensch regelmäßige Wartung und Pflege. Zum Glück aber keinen TÜV, da bin ich mir nämlich nicht sicher, ob ich den schaffen würde. Ich lasse es deshalb im Wesentlichen bei zwei Service-Intervallen. Da wäre einmal die „professionelle Zahnreinigung", damit ich auch morgen noch kraftvoll zubeißen kann. Zur Erinnerung ruft mich zweimal im Jahr eine junge Frau aus der Zahnarztpraxis an, weil die genau wissen, dass ich das sonst verschwitze.

Für die Anmahnung der zweiten Service-Dienstleistung ist Sabine zuständig: „Hör mal, Du müsstest mal wieder zum Friseur." Die Intervalle zwischen dieser Aufforderung werden dann von Woche zu Woche kürzer, bis sie schließlich ultimativen Charakter annehmen. Ich rufe dann dort wegen eines Termins an, und es ist immer das gleiche Ritual. „Zu wem möchten Sie denn gerne, Sandra, Bettina ...?" „Ist mir egal, ich kann mir leider keine Namen merken." Das geht seit Jahren so. Ist echt eingespielt, und ich kriege dann einfach nach dem Zufallsprinzip die nächstbeste Fachkraft zugewiesen.

Deren Eröffnungsfrage lautet: „Wie hätten Sie es denn gerne?"

Antwort: „Ich kämme die einfach immer zurück und dann fallen sie irgendwie."

„Kürzer?"

„Na klar, kürzer"

„Ohrenfrei?"

„Ja, ohrenfrei, alles andere überlasse ich Ihrem Geschmack, Sie haben freie Hand und ich beschwere mich nachher auch nicht."

Das Personal mag inzwischen diese selbstbestimmte und eigenverantwortliche Herangehensweise, weil sie wissen, dass ich mich wirklich nicht beschwere. Für mich hat das den Vorteil, dass ich jedes Mal eine etwas andere Frisur nach Hause bringe, wo Sabine sich dann beschwert, aber das merken die beim Friseur ja nicht. Die tanzen nach vollbrachter Arbeit stets mit einem runden Spiegel um meinen Kopf, von der Seite von oben, von schräg unten. Meine Brille liegt dann aber noch auf dem Friseurtisch, das heißt, ich sehe aufgrund meiner ausgeprägten Kurzsichtigkeit rein gar nichts. Macht aber nix, weil ich mich ohnehin nicht beschweren würde. „Zufrieden?", flöten sie. Und ich antworte stets: „Wie neu." Mehr Konversation ist da meist nicht, denn ein Friseur darf bei mir alles, nur nicht reden. Die psychologisch Begabteren merken das auch sofort.

Echt herausgefordert war ich allerdings vor einiger Zeit bei einem Friseur in Saigon. Ich gehe gerne im Ausland zum Friseur, weil das Ergebnis meist noch überraschender ist als zu Hause. Ein Haarschnitt in einem Land, in dem man sich absolut nicht verständigen kann, ist für mich die Inkarnation von Abenteuer-Urlaub. Dieser Friseur in Saigon legte mir jedenfalls ein Bilderbuch mit sämtlichen Kinostars des Westens vor: Von Brad Pitt bis George Clooney, von Alain Delon bis Nicolas Cage. Ich deutete auf George Clooney, das erschien mir das geringste Risiko. Als er fertig war, sah ich leider immer noch nicht wie George Clooney aus, aber ich hatte zumindest den Scheitel auf seiner Seite. Außerdem war eine Fuß- und Nackenmassage sowie eine Pediküre an mir vollzogen worden. Das macht der Clooney offenbar auch immer so, wenn er in Vietnam ist.

Und weil mir das so gut gefallen hat, bin ich neulich ins Dong Xuan Center in Berlin („Frühlingswiesen-Center") gefahren. Und siehe da, in dem ausgedehnten Hallenkomplex findet man alles, was es in Vietnam gibt, darunter auch eine ganze Reihe

Friseure. Diesmal entschied ich mich für Brad Pitt, sah aber genauso aus wie George Clooney, damals in Saigon. Also, ich glaube, die Vietnamesen flunkern ein bisschen. Das dürfen sie auch, weil der Preis immer der gleiche ist, egal ob Brad Pitt oder George Clooney. Das ist so ähnlich wie bei Volkswagen, wo die Abgase auch immer die gleichen sind, egal ob Euro 1, 2, 3, 4 oder 5.

Manchmal hab ich auch ganz radikale Anwandlungen. Mein Bewuchs ist ja noch relativ komplett, deshalb dachte ich, man könnte ihn ja mal völlig abschneiden, damit er danach umso besser wieder wächst, so wie der Rasen vor unserem alten Haus. Doch Sabine hat es mir verboten, weil sie zuvor heimlich Jakob Augstein gelesen hat. Der hat in seiner Spiegel-Online-Kolumne was geschrieben über „dicke, stiernackige Männer, die mit ihren Glatzen aussehen wie Pimmel mit Ohren." Ich habe dann im Internet nach solchen Typen gesucht und bin auf Peter Altmaier, Papst Franziskus und Porsche-Betriebsratschef Uwe Hück gestoßen. Also lieber nicht.

Andererseits geben ja nicht irgendwelche Polit-Promis die Haarmode vor, sondern unsere Fußballspieler. Die deutsche Nationalmannschaft ist ja bei der WM in Russland auch nicht durch irgendwelche Tore auffällig geworden, sondern dadurch, dass die Frisur immer tadellos gesessen hat. Von den Höhen der Nationalmannschaft diffundieren die Coiffeur-Trends dann in die ehrenwerte Gesellschaft. Wer nach Anregungen für seine nächste Frisur sucht, wäre beispielsweise bei der kürzlichen Trauerfeier libanesischer Familienclans in Berlin richtig gewesen. Es bot sich ein beeindruckender Überblick über die zeitgenössische Haarmode tiefergelegter AMG-Fahrer. Eine wunderbare Tuningmesse und zugleich Leistungsschau des deutschen Coiffeur-Handwerkes. Als Nächstes probiere ich jetzt mal einen Friseur in Neukölln aus.

Zum Schreien

Es kommt nicht so häufig vor, dass ich mich in die Warteschlange für einen Transatlantik-Flug einreihe. Zu meinen Gewohnheiten bei solchen Anlässen gehört allerdings, stets nach Müttern mit schreienden Kleinkindern Ausschau zu halten. Denn meine Erfahrung hat mich gelehrt: Genau die werden im Flugzeug neben dir sitzen. Ich habe keine Ahnung auf welcher Gesetzmäßigkeit das beruht. Es ist wahrscheinlich eine Variante von „Murphy's Law", die speziell für mich gilt. Murphys Gesetz heißt ja in Kurzform: „Alles, was schiefgehen kann, wird auch schiefgehen." Für mich persönlich lautet es: „Alles, was schreien und toben kann, wird auch neben dir sitzen." Jedenfalls steht fest: Selbst wenn in diesem riesigen Jumbo nur ein einziges Baby mit kräftigen Stimmbändern und Schlafunwillen eingecheckt ist: Dieses nette kleine Wesen wird mir die Reise verkürzen.

Nun hab ich nichts gegen Kinder. Ganz im Gegenteil. Schließlich war ich selbst lang genug mit so einem schreienden Balg auf Reisen, wobei unser Sohn eher zu den pflegeleichten Vertretern seiner Spezies zählte. Wenn er mal schrie und andere Leute dadurch ein wenig in ihrem Wohlbefinden beeinträchtigt wurden, war uns das aber unangenehm. Mit entschuldigenden Gesten und Blicken signalisierten wir der Umgebung, dass wir versuchen, die Lage unter Kontrolle zu bekommen.

Dieses Verhalten von Eltern ist allerdings, ich möchte es vorsichtig ausdrücken, rar geworden. Sehr rar. Durchbricht der oder die Kleine die Schallmauer und erreicht dabei die Phonstärke eines Presslufthammers, so wird das meist mit einem gewissen demonstrativen Stolz gebilligt. Mütter erwarten in solchen Momenten von mir ein zustimmendes Lächeln und signalisieren mir mit ihrem Blick: Dieses wunderbare Geschöpf wird deine Rente bezahlen, du alter Sack, also jetzt freu dich gefälligst. Ok. Ich freu mich ja.

Besonders beifallheischend bei akustischen Spitzenleistungen ihres Nachwuchses sind übrigens Eltern, die mit ihren Kleinen einen Trecking-Urlaub in irgendeinem Nationalpark unternehmen. Keine Ahnung, woran das liegt. Vielleicht, weil in Nationalparks so viel Platz ist. Ich gehe vorsichtshalber lieber zu Autorennen, um mein Gehör für den Rückflug abzuhärten.

In letzter Zeit scheint sich meine magische Anziehungskraft auf Eltern mit Kleinkindern noch zu verstärken. Sie suchen auch in Cafés und Restaurants meine Nähe. Daran bin ich selbst schuld, weil ich einen gewissen Hang zu leicht alternativ angehauchten Klein-Cafés habe. Diese werden stets auch von Müttern mit Kindern im Vorschulalter frequentiert, die sich dort mit anderen Müttern zusammenrotten, denen zu Hause alleine mit dem Balg offenbar die Decke auf den Kopf fällt.

So habe ich inzwischen einen recht guten Überblick über zeitgenössische Erziehungsmethoden, respektive Nicht-Erziehungsmethoden. Kaum packe ich meinen Laptop aus, um beispielsweise einen Text wie diesen zu schreiben, sucht mich ein zukünftiger Art-Director mit Buntstiften auf und verziert meinen Tisch mit kreativen Strichmännchen. Ich tue dann so, als sei der kleine Tausendsassa nicht vorhanden – in der vergeblichen Hoffnung, er möge sich ein anderes Opfer suchen. Tut er aber nicht. Er fängt eher an, mit Bauklötzchen zu werfen. Menschen, die ihn nicht beachten, sind nämlich besonders anziehend. Ignorieren ist aber nun mal die einzig sozialverträgliche Form der Selbstverteidigung, denn die Mutter wacht mit Argusaugen darüber, dass ihr Sputnik während seiner Kreativphase nicht schräg von der Seite angemacht wird.

Die volle Dröhnung genoss ich aber kürzlich in einem sogenannten „Slowfood"-Restaurant. Ich wusste nicht, dass es so ein Restaurant ist, es dämmerte mir aber nach einer Weile. Am Tisch hinter mir diskutierte eine Gruppe Mittzwanziger ernsthaft darüber, ob das Restaurant überhaupt ein offizielles Slowfood-Zertifikat habe. Ich betrachtete derweil die Bedienung, die den Laden im Tempo einer Weinbergschnecke durchquerte, und es lag mir auf der Zunge, den Tischnachbarn zuzurufen: „Macht doch die Augen auf, ihr Idioten, die brauchen hier kein Zertifikat, das sind Naturtalente."

Dann kamen kurz hintereinander zwei junge Paare herein, die am Tisch rechts und links von mir Platz nahmen. Die einen hatten auch noch die Schwiegermutter dabei. Die Kerle haben aber ganz schöne Bierbäuche, dachte ich mir beim Anblick der jungen Männer. Das war aber ein Irrtum. Beide waren stolze Väter, die offenbar die Schwangerschaft ihrer Frau fortsetzen wollten. Aus einem um den Körper geschlungenen Stoffrucksack ragte oben jeweils das Glatzköpfchen eines wenige Wochen alten Babys heraus. Sie sollten offenbar geburtsnah mit einem abendlichen Slowfood-Besuch vertraut gemacht werden. Die Babybauchtrage ist dabei offenbar so eine Art Gürteltasche für alternative Väter. Die Sache scheint aber gar nicht so schlecht zu sein, jedenfalls schlummerte der Nachwuchs sanft auf Papas Wampe. Bis, nun ja, sie nicht mehr schlummerten.

Ich hatte zwar noch immer nichts zu essen, dafür aber ein kleinkindliches Stereo-Konzert von beiden Seiten. Die jungen Väter fanden das total klasse und winkten sich aufmunternd zu. Bei dem einen Paar übernahm Omi die Bespaßung des kleinen Schreihalses, das nutzte aber nix, trotz enormen Engagements. Ich wartete darauf, dass Omi auf dem Tisch einen Kopfstand machen würde.

Dann übernahmen die Mütter und packten, als sei es abgesprochen, die Brust aus, um die Kindchen zu versorgen. Ich entschied mich wieder fürs Ignorieren und blickte starr geradeaus auf einen imaginären Punkt an der Restaurant-Decke. Das gelang mir aber nicht wirklich, weil das Essen kam. Auch die jungen

Eltern bekamen ihre Spaghetti. Da man nun schlecht einem Kind die Brust geben und gleichzeitig Spaghetti essen kann, waren Multi-Tasking-Talente gefragt. Auf jeden Fall begannen die jeweiligen Väter, die jeweilige Mutter per Gabel mit ihren Spaghetti zu füttern, während die Mütter ihre Brut stillten. Ich kam mir vor wie auf einer ornithologischen Safari, Tagesziel Nestbeobachtung.

Ich wollte nur noch raus, traute mich aber nicht. Das hätte ja als Missmutsbekundung falsch verstanden werden können. Um mich nicht unsolidarisch gegenüber dem reproduktionswilligen Teil der deutschen Bevölkerung zu zeigen, blieb ich brav bis zum Dessert. Und das dauerte, schließlich handelte es sich um ein Slowfood-Restaurant.

Mr. Wash und Mrs. Merkel

Das Thema Sauberkeit liegt den Deutschen schon immer besonders nahe. 2017 schafften es gleich zwei Ereignisse in die Medien, die etwas mit Waschen zu tun hatten. Erstens: Gebhard Weigele, der Erfinder der Waschanlage, war im Alter von 86 Jahren gestorben. Zweitens: Die Idee einer Jamaika-Koalition war gestorben und in Berlin-Mitte die Seife ausverkauft, weil sich alle die Hände in Unschuld wuschen. Das passt ganz gut, weil der überwiegende Teil der Bevölkerung ohnehin der Überzeugung ist, dass die nicht ganz sauber sind.

Aber zurück zur Waschanlage. 1962 meldete der Augsburger Erfinder Weigele die weltweit erste „selbsttätige Waschanlage für Kraftfahrzeuge" zum Patent an. Die maschinelle Reinigung, ein Symbol des Wirtschaftswunders, war geboren, später verewigt in Popsongs wie Rose Royces „Car Wash" (1976). Weigeles erste Anlage nahm im Augsburger Domviertel ihren Betrieb auf, gleichsam unter den Augen der katholischen Kirche. Das war Zufall, passte aber zum zeitgeistigen Bestreben nach Reinheit auch im übertragenen Sinne.

Die „Aktion Saubere Leinwand" – gemeint war damit die Kinoleinwand – wurde in den 1960er-Jahren ins Leben gerufen und hatte sich zum Ziel gesetzt, die sich nach zaghaftem Beginn immer rascher ausbreitende Sexualisierung der Massenmedien durch Zensur- und Kontrollmaßnahmen, nicht zuletzt aber auch durch eine Änderung des Grundgesetzes zu unterbinden. Auslöser war der schwedische Film „Das Schweigen". In einer Szene in einem Café macht der Kellner Anna Avancen. Später wird Anna in einem Varieté Zeuge, wie ein Paar es während der Vorstellung auf den Sitzen treibt.

Die Autowaschanlage trat einen weltweiten Siegeszug an, die „Aktion Saubere Leinwand" war von weniger durchschlagendem

Erfolg. Was der verdiente Erfinder der Waschanlage sicher nicht geahnt hat: Seine rubbelnden und kreisenden Geräte setzten obendrein triebhafte Fantasien frei und das Geschehen in und um sie herum entwickelte eine gewisse Eigendynamik. Geben Sie mal bei Google die Worte „Autowaschanlage" und „Porno" ein, dann wissen Sie, was ich meine. Aber tun Sie dies bitte auf eigene Gefahr.

Doch auch für die Braven unter uns ist die Autowaschanlage so etwas wie ein Massage-Salon für die Seele. Schon Pilatus wusch sich seine Hände in Unschuld, nachdem er Jesus seinen Häschern überlassen hatte. In der Waschanlage will sich der Autofahrer gründlich reinigen vom Schmutz der Woche, will sich wenigstens für ein paar Stunden unbefleckt und strahlend der Welt zeigen. Sauberkeit ist eben eine Frage der inneren Einstellung. Wie Löwe und Kojote am Wasserloch, so treffen sich Jaguar und Panda klassenübergreifend in der Waschanlage, besonders am Wochenende.

Die alten Griechen nannten den Vorgang der Reinigung „Katharsis". Das schöne Fremdwort wurde inzwischen von den Psychologen gekapert. Sie bezeichnen damit eine Abreaktion verdrängter Affekte. Die moderne Katharsis ist vollautomatisch und heißt Mister Wash. Zivilisierte Menschen zeichnen sich dadurch aus, dass sie ihre Affekte in Waschstraßen abreagieren und nicht zuhause die Kinder vermöbeln oder in der Wahlkabine die Grünen ankreuzen.

Die positive Auswirkung von Waschstraßen auf die Volksgesundheit ist deshalb nicht zu unterschätzen. Als besonders angenehm gelten jene Anlagen, bei denen man während des inneren Waschgangs im Auto sitzen bleiben darf. Am schönsten ist es am Samstagmorgen, wenn die Sonne scheint und sich eine lange Schlange vor dem Tor mit dem geheimnisvoll röhrenden Tunnel bildet, denn die Deutschen fahren auch zur Waschanlage, wenn sie gar nicht schmutzig sind.

Und die Menschen aus anderen Kulturkreisen sind in dieser Hinsicht perfekt assimiliert, sobald sie sich einen BMW oder Mercedes mit standesgemäßer Breitbereifung leisten können. Wer orientalisch geprägte Jungmänner bei der akribischen Nachbehandlung ihrer Fahrzeuge beobachtet, weiß um die völkerverbindenden Verdienste dieser Einrichtungen. Hier wird täglich der Beweis erbracht, dass niedrige Haushaltstätigkeiten wie Spülen, Staubsaugen und Abwaschen mit der Sharia vereinbar sind. Selbst das Entfernen von grobem Schmutz aus Schüsseln ist zulässig, sofern dabei Felgenreiniger verwendet wird.

Zwei weitere deutsche Produkte gehören zum vollkommenen Reinigungsevent dazu. Da wäre zunächst die Vorbehandlung mit einem Hochdruckreiniger der Firma Kärcher, die den ehemaligen französischen Präsidenten Nicolas Sarkozy zu der Bemerkung veranlasste, er werde in Paris bestimmte Viertel „kärchern" lassen. Daraufhin schickte das schwäbische Unternehmen einen Protestbrief wegen der deutschen Vergangenheit und so. Als Hersteller dieser waffenscheinpflichtigen Geräte warnte die Firma vor „einer Zweckentfremdung der Marke" und dem Gebrauch von Wortschöpfungen wie „kärchern".

Aus dem gleichen Hause kommen auch erfolgreiche Supersauger für die Nachbehandlung. Das große Saugen gehört dazu wie das Föhnen zum Friseur. So ein Ding inhaliert 100 Liter Luft pro Sekunde und reißt die unmöglichsten Dinge in seinen Schlund. Es wurde bereits beobachtet, wie der Supersauger Damen die Nylons vom Leibe riss und Herren das Toupet wegfraß.

Die politische Klasse in diesem Land, die ihr Auto vom Chauffeur waschen lässt, weiß gar nicht, was sie verpasst. Der regelmäßige Besuch einer Waschanlage wäre für den gesamten Reichstag der eindeutig kürzeste Weg zum Seelenheil. Aber nix da, die Herrschaften lassen ja fremdwaschen. Ein gesunder Geist in einem gewaschenen Mercedes bleibt daher das heimliche Privileg des Bundestagsfahrdienstes, Deutschlands wahrer Hort der geistigen Stabilität.

Aus langjähriger Erfahrung weiß ich, dass sich in der Waschstraße nicht nur Sünden und Geschwindigkeits-Übertretungen fortspülen lassen, sondern auch Katerzustände. Schon bloßes Händewaschen kann uns laut Seifen-Beipackzettel vom Gefühl des Scheiterns befreien – um wieviel gründlicher ist da doch so ein Vollwaschprogramm bei Mr. Wash.

Trifft der Mensch eine falsche Entscheidung, dann neigt er oft dazu, sie schönzureden. Sie zu rechtfertigen, um mit der sogenannten kognitiven Dissonanz klarzukommen. „Wer sich von derartigem Unbehagen befreien möchte, sollte sich einfach möglichst bald nach der Entscheidung die Hände waschen. Dabei werden offenbar neben dem Schmutz auch etwaige Restzweifel weggespült. Das klingt bizarr, doch Forscher wollen genau das mit Hilfe von Studien jetzt festgestellt haben", schreibt Spiegel-Online und zitiert eine Studie der Pschologen Spike W. S. Lee und Norbert Schwarz. Komisch, dass ich dabei nicht nur an Dove-Seife, sondern auch an Angela Merkel denken muss.

Der Bundeskanzlerin und ihren Getreuen sei jedenfalls dringend ein Besuch in einer betreuten Waschanlage empfohlen. Besonders nah am Reichstag liegt „Cosy Wash" in Mitte, mit einem auf den politischen Alltagsbetrieb abgestimmten Angebot: „Hochdruck-Vorwäsche von Hand, Einsatz unseres Aktivschaums, eine gründliche Radwäsche sowie die vollautomatische Glanztrocknung." Außerdem im Angebot: „Heißwachs, Schaumwachs, Felgenintensivreinigung, Unterbodenwäsche, Unterbodenkonservierung und Cosy-Polly-Wertglanz."

Ab geht die ruckelnde Fahrt in den prasselnden, pfeifenden und saugenden Schlund. Bürsten rubbeln und dröhnen, bearbeiten die Fronthaube, verschwinden donnernd über Dach und Rücken. Dann wohlige Stille: Seifige Lappen fahren vom Himmel und schlieren in fernöstlicher Massagetechnik rhythmisch übers Blech. Schließlich kommt das große Donnerwetter: Sturzbäche fallen vom Himmel herab und Wasserkanonen schießen unters Bodenblech. Zum Schluss erscheint Licht am Ende des Tunnels und es erhebt sich ein tosender Sturm, bläst das Wasser weg, säuselt geheimnisvoll durch die Belüftung.

Aber es dauert natürlich, bis alle 709 Bundestagsabgeordneten durch so einen Reinigungs-Prozess durch sind. Vielleicht wäre es daher besser, einen kleinen Gemeinschaftsausflug nach Berlin-Rummelsburg zu unternehmen. Dort steht die wahrscheinlich längste Waschstraße der Welt. In der silbernen Röhre werden allerdings keine Autos gewaschen, sondern der ICE. Über mehrere hundert Meter wird der Schnellzug gerubbelt und geföhnt. Da könnte sich der ganze Bundestag auf einmal den Pelz waschen lassen, ohne dabei nass zu werden.

Der Konformisten-Test

Angesichts der Tatsache, dass bei urbanen Trendsettern 70er-Jahre-Autos und Pilotenbrillen wieder hoch im Kurs stehen, fragt sich der damals bereits auf dem Planeten weilende Mensch: Habe ich mich als junger Mensch wirklich so ausstaffiert? Ja, ich habe. Und alle anderen auch. Schließlich konnte ich nicht ahnen, wie komisch so manches ein paar Jahrzehnte später wirken würde. Und das gilt nicht nur für den modischen, sondern auch für den moralischen Zeitgeist.

Der moralische Zeitgeist gilt zu seiner Zeit stets als ewige Wahrheit. Er ist die Norm dessen, was man zu sagen, zu denken und wie man zu handeln hat. Das wusste schon Goethe, als er zu Protokoll gab: „Wenn eine Seite nun besonders hervortritt, sich der Menge bemächtigt und in dem Grade triumphiert, dass die entgegengesetzte sich in die Enge zurückziehen und für den Augenblick im Stillen verbergen muss, so nennt man jenes Übergewicht den Zeitgeist, der dann auch eine Zeit lang sein Wesen treibt."

Wer sich außerhalb stellt, muss mit Sanktionen rechnen. Während der Modemuffel nicht mehr zur angesagtesten Party eingeladen wird, wird der Moralmuffel aus der Gemeinschaft der Wohlmeinenden ausgeschlossen. Was übrigens erstaunlich oft auf das Gleiche herauskommt. Der Freundeskreis wird auf jeden Fall überschaubarer.

Auf einem Wohltätigkeitsball, neudeutsch „Charity-Event", sollte man stets die aktuelle Mode und Moral zur Schau stellen. Wenn Sie heute schon einen Geschmack davon bekommen wollen, was dereinst als für die Zeit typischer geistiger Bullshit erinnert werden wird, gehen Sie am besten zu einer Fernsehpreis-Verleihung. „In Zeiten wachsender Unübersichtlichkeit braucht es glaubwürdige Persönlichkeiten vor der Kamera", hieß es beispielsweise in der Ankündigung für den Deutschen Fernsehpreis für die beste Moderation einer Informationssendung. Das wirkt heute schon ein wenig gewagt, in 20 Jahren wird es der Brüller sein.

Bislang hat die Eroberung der kulturellen Hegemonie durch einen linksgrünen Zeitgeist allerdings rundum geklappt: Von den Medien bis zur Oper, vom Tatort-Krimi bis zu den kirchlichen Institutionen. Dazu kommen grauhaarige Lichtgestalten aus dem christlich-konservativen Lager, die sich im Wohlwollen des medialen *Juste Milieu* sonnen möchten und sich mit politisch korrekten Anbiederungen ranschmeißen, wo es nur geht.

Der heute vorherrschende Typus ist jedoch meist jünger, viel unpolitischer, viel konformistischer. Diese Herrschaften haben nicht nur Parteien, sondern auch weite Kreise der Wirtschaft erobert. Sie sehen aus wie smarte Fondsmanager, und ihre Moral ist stets genauso frisch gebügelt wie ihre weißen Hemden. Ihr höchstes Ziel ist es, die tadellose Gesinnung stets sauber und unbefleckt zu halten.

Aber es führt kein Weg daran vorbei: In 20 oder 30 Jahren wird man die heutige Mode belächeln. Möglicherweise wird man auch den Kopf schütteln. Genau wie wir den moralischen Zeitgeist vergangener Tage in all seiner Fehlerhaftigkeit analysieren, werden dies künftige Generationen mit den heute herrschenden Ansichten tun. Diejenigen, die die gegenwärtige deutsche Politik für alternativlos und für ein moralisches Gebot der Stunde halten, würden sich womöglich sehr wundern, was diese künftigen Generationen dereinst von ihnen halten.

Der amerikanische Essayist Paul Graham hat das mal so formuliert: „Es scheint eine unveränderliche Tatsache der Geschichte zu sein: In jeder Epoche haben Leute Dinge geglaubt, die einfach nur lächerlich waren, und die so fest geglaubt wurden, dass man in entsetzliche Schwierigkeiten gekommen wäre, falls man etwas anderes geäußert hätte." Die Tatsache auszusprechen, dass die Erde um die Sonne kreist, war einst eine äußerst gewagte Angelegenheit.

Jeder Zeitgeist hat seine Tabus und Dinge, die man besser nicht ausspricht. Heutzutage drohen gottlob keine Daumenschrauben mehr, aber durchaus eine Menge Ärger. Doch was genau straft der heutige Zeitgeist ab? Bei der Antwort hilft eine einfache Frage: Gibt es irgendwelche Dinge, die Sie ausgesprochen ungern öffentlich äußern würden? Gibt es Dinge, die Sie an einem öffentlichen Ort nur aussprechen, nachdem Sie sich umgeschaut haben, und prüfen, ob ein Unbefugter zuhört? Und die Sie nur mit gesenkter Stimme weitergeben? Man nennt das wohl auch den DDR-Blick. Als Wessi kannte ich ihn über viele Jahre nicht, habe es aber vor ein paar Jahren erstmals in Lukaschenkos Weißrussland erlebt. Um über Politik zu sprechen, ging man mit mir in eine Bierschwemme, weil es da so schön laut ist.

Wenn Sie öfter Sachen denken, die Sie nicht laut auszusprechen wagen, müssen Sie sich nicht unbedingt Sorgen machen. Sie können sie ja für sich behalten und in stiller Distanz zum Zeitgeist verharren. Eher nachdenklich sollten Sie werden, wenn Sie alles, was Sie denken, überall gefahrlos hinausposaunen können. Höchstwahrscheinlich reden Sie dann genau das, was man so reden sollte. Die Wahrscheinlichkeit ist dann ziemlich hoch, dass Sie auch in der Vergangenheit stets das geglaubt hätten, was der Zeitgeist vorschrieb. Und das, was Sie so laut verkünden, dereinst als exemplarische Verirrung betrachtet wird.

Mein Leben als Hochzeits-Kutscher

Ich gehöre zu keiner Großfamilie. Und auch der Freundeskreis ist überschaubar. Trotzdem werde ich ständig zu Hochzeiten eingeladen. Das liegt nicht an mir. Es liegt an meinem Auto. Besser gesagt an meinem Zweitwagen. Einem Cadillac, Baujahr 1956. Er ist mir irgendwann Ende der 70er-Jahre in der Schweiz zugelaufen. Stand auf einer Gebrauchtwagenhalde und blickte mich treu an wie ein verkommener mallorquinischer Straßenköter. Ich konnte einfach nicht Nein sagen.

Ich kann überhaupt schlecht Nein sagen. Und das hat sich irgendwie unter angehenden Hochzeitspaaren herumgesprochen. Alle paar Wochen klingelt das Telefon und die zuckersüße Stimme einer jungen Frau erkundigt sich, ob ich bereit wäre, sie samt ihrem Göttergatten zur Kirche oder zum Standesamt zu chauffieren. Der alte Cadillac ist für diesen Zweck offenbar eine schwer coole Ansage.

Interessanterweise rufen übrigens immer die Frauen an. Die haben offenbar mehr Mumm. Womit schon eine gewisse Rollenverteilung vorgegeben ist. Ich freue mich über diese jungen Talente. Man merkt, dass sie viel telefonieren, sie könnten mir auch mühelos eine Luxus-Wohnung in Hoyerswerda verkaufen.

Warum der Cadillac so eine magische Anziehungskraft hat, kann ich nur mutmaßen. Vielleicht liegt es daran, dass seine Karosserie im Grunde eine komplette Ansammlung Freudscher Symbole darstellt. Die raketenartigen Hörner in der vorderen Stoßstange können gleichermaßen als männliches und weibliches Fruchtbarkeitssymbol durchgehen. Die Amerikaner haben sie seinerzeit „Dagmars" getauft, nach einer gleichnamigen Fernsehblondine in den 50er-Jahren. Stellen Sie sich die Venus von Willendorf vor, die allerdings so groß ist wie ein Schulbus: Das ist mein Cadillac.

Wie gesagt: Ich lasse mich in Sachen Hochzeits-Kutscher immer wieder breitschlagen. Und zwar umsonst, weil ich den Start
ins gemeinsame Glück nicht mit einer Tankrechnung versauen
will. Zum Ausgleich bekomme ich tiefe Einblicke in die Rituale
und Riten derjenigen, die später meine Rente bezahlen sollen.

Ich trage bei diesen Anlässen ein schwarzes Dinner-Jacket mit
glänzenden Aufschlägen und dazu eine schwarze Seiden-Fliege
mit nachgemachten kleinen Edelsteinen darauf und schwarze
Lackschuhe. Das habe ich vor Jahren mal als Set für 59 Pfund bei
Marks & Spencer in Brighton erstanden. Ich finde, ich sehe damit
aus wie James Bond. Die Hochzeitspaare glauben, dass ich damit
aussehe wie ihr Chauffeur. Auf jeden Fall sind alle glücklich. Es
lässt sich dabei übrigens beobachten, wie schnell sich der Mensch
an Annehmlichkeiten gewöhnt. Spätestens nach der Rückfahrt von
der Kirche zum Gasthof geht er davon aus, dass ihm das Personal
die Tür aufreißt. Auf dem Weg zum großen, gemeinsamen Besäuf-
nis hat sich inzwischen der Autokorso durchgesetzt, akustisch
stilbildend waren dabei unsere türkischstämmigen Landsleute.

Aber eins nach dem anderen. Vor dem Termin in Kirche oder
Standesamt müssen im Regelfall die Hochzeitsbilder geschossen
werden. Und die sind heutzutage mindestens so wichtig wie die
Trauung selbst. Die Hochzeitsfotografen beherrschen mittlerweile
auch auf dem Land den aus Funk und Fernsehen überlieferten
Profi-Sprech: „Jawooohl Baby! Nochmal Baby! Hierher Baby!" Es
werden komplette Fotoromane inszeniert, die oft eine außerordent-
liche Komik enthalten, die aber nur mir auffällt. Auch in dieser
Hinsicht habe ich mich daran gewöhnt, der Geisterfahrer zu sein.
Dabei setze ich selbstverständlich ein Gesicht auf wie Mr. Bond
beim Poker-Duell.

Auch die Gottesdienste werden immer kreativer, besonders
hinsichtlich der musikalischen Ausgestaltung. Kultur und Ästhe-
tik der Casting Show und der Geruch von Weihrauch harmonieren

übrigens vortrefflich. Neulich hatte ich eine Braut, die selbst zum Mikrofon griff und einen kompletten Helene-Fischer-Auftritt hinlegte. Das war sehr selbstbewusst. Ich habe mich derweil auf das Interieur der barocken bayrischen Wallfahrtskirche konzentriert. Und bin zu dem Schluss gekommen: Da war derselbe Designer am Werk wie bei meinem Cadillac. Am späteren Nachmittag mache ich mich dann so diskret wie möglich vom Hof, denn vor den Hochzeitsschmaus hat der liebe Gott eine schwere Prüfung gesetzt: die Sketche der Freunde und Verwandten.

Leben und leben lassen

Powered by Hartz IV

Deutsche Behörden können ganz schön fies sein. So lauerten sie vor dem Jobcenter in Duisburg Beziehern von Sozialleistungen in ihren Automobilen auf, um Fahrzeugklasse und Hartz-IV-Bescheid abzugleichen. Dabei stellte sich heraus, dass eine Reihe der Klienten Wert auf eine gehobene Motorisierung legt. Na und? Sollen die vielleicht mit dem Tretroller vorfahren? Oder dem Fahrrad? Das hätten die Grünen wohl gern. Nein, es handelt sich hier um einen glatten Fall von „Racial Profiling", eine klare behördliche Diskriminierung von Menschen, die am liebsten mit Mercedes verkehren. Unfair ist es vor allem auch gegenüber denjenigen, die aufgrund multipler Identitäten und Geschlechter gleich mehrere Jobcenter in verschiedenen Bundesländern aufsuchen müssen, um pünktlich das Geld für die Leasingrate abzuholen.

Aber es ist nicht nur unfair, sondern auch volkswirtschaftlich schädlich. Schließlich werden die Hartz-IV-Gelder von diesen verantwortungsbewussten Bürgern unmittelbar wieder in den Wirtschaftskreislauf eingespeist, das heißt beim örtlichen Daimler- oder BMW-Dealer in Form der Leasingrate abgeliefert. Hartz IV stärkt auf diesem Wege nicht nur die regionale Infrastruktur, sondern schafft auch qualifizierte Arbeitsplätze in Ingolstadt, Stuttgart und München. Von den dortigen Werktätigen fließt der Zaster wiederum zurück in den großen bundesdeutschen Sozialtopf und von dort ins Jobcenter von Duisburg bis Passau. Und dann fängt diese vorbildliche und zukunftsfähige Kreislaufwirtschaft wieder von vorne an. „Its the economy, stupid" würde Bill Clinton sagen.

Wobei das System durchaus noch Raum für Verbesserungen offen lässt. So sollten die örtlichen Fahrzeughändler auf diese treue Kundschaft abgestimmte „Hartz-IV-Specials" anbieten: Für Einzelpersonen 416 Euro monatliche Leasingrate, für Paare 748 Euro, für Paare mit zwei Kindern 1.140 Euro, sowie das Großfamilienpaket (Paare mit 5 Kindern) 2.228 Euro. Für das Großfamilienpaket kann dann beispielsweise ein Bentley Continental GT V8 angeschafft werden (so ab 1.800 Euro Monatsrate), die derzeit verbindliche Ansage vor Berliner Spielhallen und Shisha-Lounges. Diejenigen, bei denen es dafür nicht ganz reicht, könnten ja Fahrgemeinschaften bilden, sich also einen Bentley teilen. Der eine fährt am Tag, der andere in der Nacht.

Die Idee der Hartz-IV-Fahrgemeinschaften für autosexuelle Bezieher von Sozialleistungen braucht jetzt nur noch politische Unterstützung, die smarte Mobilität ist ja eine Steilvorlage für die Grünen. Ich schlage vor, dass die Leasing-Raten der Hartz-IV-Bezieher direkt von den Sozialbehörden an die Leasingfirma bezahlt werden, ähnlich wie das ja auch mit der Miete und den Heizkosten geschieht. Die lästigen Fahrten zum Jobcenter fallen dann weg, das ist auch ökologisch die bessere Lösung und entlastet die Polizei.

Es muss allerdings dringend etwas gegen den Sozialneid des gemeinen Steuerzahlers getan werden. Tiefergelegte Fahrzeuge der Marken Mercedes, BMW, Audi, Porsche und Bentley galten bislang als Heimstatt von rechtschaffenen Drogendealern und Zuhältern, respektive Nationalspielern der Bling-Bling-Fraktion. Jetzt umweht diese Fahrzeuge das Stigma des Hartz-IV-Betrügers, das heißt, ihren Besitzern schlägt im Straßenverkehr eine mühsam unterdrückte Aggression entgegen. Noch unbeliebter kann man sich höchstens machen, wenn man mit einem ARD- oder ZDF-Übertragungswagen durch Chemnitz fährt.

Neulich parkte ich mit dem Daihatsu-Materia eines Bekannten vor einer Shisha-Sportsbar in Berlin-Moabit. Ich versaute mit diesem zugegebenermaßen peinlichen Automobil die gesamte Skyline. Zwischen den dort ausgestellten Meisterwerken deutscher Ingenieurskunst wirkte es ein bisschen wie eine Gehhilfe. Als ich zurück kam, war der Daihatsu prompt von einer mattschwarzen Mercedes-Flunder zugeparkt. Ich nahm mir ein Herz und begab mich in die Höhle des Löwen. Einen Moment durchzuckte mich der anarchische Gedanke, laut in den Raum zu fragen: „Wem gehört denn der mattschwarze Opel vor der Tür?" Um meine ohnehin begrenzte Lebenserwartung nicht noch weiter herabzusetzen, sah ich dann aber davon ab und fragte brav: „Wem gehört denn der mattschwarze Mercedes vor der Tür?" Ich kann mich – echt jetzt – nicht beschweren, denn es erhob sich ein sehr netter junger Mann, der mir beim Rausgehen sogar die Tür aufhielt. Irgendwie hatte ich das Gefühl, dass er aufrichtiges Mitleid mit mir und meiner Gehhilfe hatte. Jedenfalls hielt er sogar den Verkehr auf, damit ich rückwärts hinausstoßen konnte.

Die deutsche Automobilindustrie – und das spricht ja für sie – hat sich inzwischen voll auf die Blingblingisierung ihrer Kundschaft eingestellt. Ebenfalls in Berlin, es war spät geworden und nachts um 2 Uhr, bestieg ich ein Taxi der neuesten großen Mercedes-Baureihe. Um den gesamten Innenraum zog sich ein blaues Leuchtband. Ich war aber ohnehin schon blau und fand das ein bisschen übertrieben, dass man das schon von außen sieht. Also fragte ich den Taxifahrer: „Kannst du auch Puff-Beleuchtung?" Der antwortete: „Artemis?" Ich: „Nein, nicht in den Puff, ich frag nur, ob du statt Blau- auch Rotlicht machen kannst? Er: „Ach so, na klar!" Und schon wechselte das Licht vom Kalten ins Warme. Ich bin ja schon oft den Kaiserdamm runter gefahren, aber noch nie im rötlichen Schein einer nächtlichen Legebatterie. Das Leben kann so schön sein.

Unter Briefwählern

„Der wählt bestimmt AfD", sage ich zu Sabine und deute auf das Wohnmobil, das im Stau vor uns steht.

Sabine: „Wie kommst Du darauf?"

„Ja schau mal auf das Kennzeichen. BIW. Bischofswerda. Das ist im tiefen Sachsen. Dunkeldeutschland."

Sabine: „Der wählt trotzdem keine AfD. Die wird doch nur von Abgehängten gewählt. Und der da ist nicht abgehängt. Der fährt ein Wohnmobil für 100.000 Euro."

Wir stehen im Stau am Brenner und nähern uns im Stop-and-Go-Verkehr der Mautstelle. Ich habe meiner Frau ein Wochenende am Gardasee zum Geburtstag geschenkt. So mit Wellness und allem Pipapo. Auf die Idee sind offenbar auch andere gekommen. Jedenfalls werden wir einen großen Teil des Weekends im Brenner-Stau verbringen. Tausende von Fahrzeugen quetschen sich über die Fahrspuren, rauf wie runter, auch auf der Gegenseite steht es.

Ehrlich gesagt, finde ich das gar nicht so schlecht. Jedenfalls besser als so eine Wellnesshölle mit Gesichtsmasken. Der Stau macht alle gleich, auch diesen Wutbürger mit seinem 100.000-Euro-Mobil. Außerdem ist der Stau einer der letzten Orte für Kontemplation, Selbstreflektion und höhere Einsichten, besonders natürlich auf dem Brenner-Pass. Tablet und Smartphone sind ausgeschaltet, denn weiß der Geier, wie hoch die Gebühren sind.

Langsam schiebe ich mich an dem Wohnmobil vorbei, um den Dunkeldeutschen in Augenschein zu nehmen. „Siehste", sagt Sabine, „der sieht gar nicht wie ein Wutbürger aus." In der Tat sitzt da ein relativ sportlicher Enddreißiger am Steuer, die Mountainbikes am Heck deuten auch nicht gerade auf einen hin, der sich benachteiligt und zurückgesetzt fühlt.

Wir haben ja Zeit, und ich beschließe, ein wenig rechthaberisch zu sein. „Auf Äußerlichkeiten kann man da gar nichts geben, der Wutbürger ist inzwischen gut getarnt, er ist gewissermaßen überall", erkläre ich meiner Frau: „Man kann ihn beinahe in jeder Form antreffen, als Polizist, als Krankenschwester, als Sozialarbeiter, als Studienrat oder höheren Finanzbeamten, als Nachbar mit gehobenem Reihenhaus und Vollstudium."

„Aha", sagt sie, „du meinst wie bei dem Film ‚Men in Black'." In dem Streifen wimmelt es nur so von Aliens, die hinter einer bürgerlichen Fassade versteckt sind. Agent J. arbeitet an der Seite von Agent K., zusammen müssen sie ein illegal auf der Erde gelandetes Rieseninsekt, eine extrem bösartige Schabe, zur Strecke bringen.

Ich: „Den Vergleich behältst du besser für dich."

Sabine: „Sag das mal deinen Kollegen in Funk und Fernsehen, mir kam die Berichterstattung in den letzten Wochen genauso vor."

Ich: „Vielleicht ist es auch ein Naturfuzzi, und er wählt die Grünen."

Sabine: „Nein, tut er nicht, Dieselfahrer."

Ich: „Wutbürger sind trotzdem reichlich unterwegs."

Sabine: „Zeig mir einen."

Ich deute auf diverse ausländische Kennzeichen. Italiener, Österreicher, Franzosen, Holländer.

„Wie meinst du das?"

„Lega Nord, Beppo Grillo, Strache, Hofer, Le Pen, Haider, Wilders."

„Ach so."

Nach zwei Stunden sind wir endlich an der Mautstelle. Kein Mensch kann den Brenner überqueren, ohne zu bezahlen, weder in die eine noch in die andere Richtung. „Ich kann diesen Bullshit nicht mehr hören, von wegen, wollt ihr etwa wieder die Staus an der Grenze zurück?", maule ich rüber zu Sabine. Der Stau war schließlich nie weg. Aber Kassenhäuschen zählen offenbar nicht als Grenzbefestigung. Jedenfalls kommt keiner durch, wenn der

Finanzminister es so will. Sabine wird allmählich unleidlich, die erste Wellness-Behandlung geht mit Sicherheit flöten. Ich sage zu ihr: „Wirf deinen Pass weg, dann geht's vielleicht schneller."

Sie: „Nein, nicht schon wieder dieses Thema, du nervst nur noch."

Ich habe die Maut im Voraus bezahlt und darf auf die Telespur wechseln. Eine Kamera erkennt das Fahrzeugkennzeichen und der Schlagbaum geht automatisch hoch. Sabine findet das prima. „Sag mal, meinst du nicht, so eine Kamera könnte auch ein Terroristen-Gesicht erkennen?" Ich: „Jetzt fängst du wieder damit an."

Wir schweigen eine Weile und kommen an der letzten Tankstelle vor der italienischen Grenze vorbei. Teuer und schlecht, aber völlig überfüllt. „Warum stellen die sich da alle dazu? Das ist doch wirklich selten dämlich", kommentiert meine Frau. Antwort: „Die sind das so gewohnt, die machen das jedes Jahr so. Teuer, schlecht, aber es könnte woanders noch schlechter sein." Daraufhin Sabine messerscharf: „Du meinst, das ist wie Merkel wählen?"

In einem sind wir uns aber einig. Bei der Spezies, die hier zu Hunderttausenden gen Süden staut, um dort den kühlen Herbst zu verkürzen, handelt es sich in jedem Fall um Briefwähler. Heimlich haben sie zuhause eine Partei angekreuzt, dabei womöglich diabolisch gegrinst und den Umschlag in den nächsten Briefkasten befördert. Und danach: Nix wie weg.

Ich fände es ja gar nicht schlecht, wenn die Herrschaften einen Anhänger mit Brieftauben mitführen müssten, um die Sache ein wenig romantischer zu gestalten. Stellen Sie sich mal diese schönen Fernsehbilder vor, wenn die ersten Täubchen aus Tirol eintreffen, und der Wahlleiter den Fußring mit den Kreuzchen abnimmt.

Aber nix da mit Taubentransport. Statt dessen transportieren die Wohnmobile zusätzliche Transportmittel. Fahrräder sind obligatorisch, Fahrräder in Verbindung mit einem Motorroller ebenfalls sehr verbreitet. Fortgeschrittene führen auf einem Anhänger ein Motorboot, wahlweise einen Smart-Kleinwagen mit. Nur Smart auf Motorbarkasse habe ich nicht gesehen.

Jenseits der italienischen Grenze mache ich das Radio an. Ich liebe italienische Radioansagen. Ich verstehe zwar kein Wort, wiederhole aber immer wieder für mich völlig sinnfreie Passagen, um mich besser zu integrieren. Zufällig zappe ich dann auf einen deutschsprachigen Sender. Nach einer Minute werden wir immer aufmerksamer. Der Sprecher berichtet davon, dass es herbe Kritik am Papst gibt, weil er einen Schmusekurs mit sozialistischen südamerikanischen Diktatoren, etwa in Venezuela fährt. Hab ich zuhause noch nie gehört. Seit wann geht sowas bei uns über den Äther?

Sabine schaut mich an. Ich schaue Sabine an. Was um Himmels willen ist das? Haben sie in München geputscht und den Intendanten des BR in Geiselhaft genommen? Das kann kein deutscher Sender sein. Ist es auch nicht, sondern ein katholischer Sender aus Südtirol, der deutschsprachig berichtet. Das Radio fängt an zu krächzen, aber wir hören noch den Anfang einer Reportage über den „Marsch fürs Leben", den Abtreibungsgegner in Berlin veranstalten. Die Organisatorin wird befragt, darf doch glatt ausreden. Na, die trauen sich was beim Radio in Südtirol. Sabine meint, wir sollten uns endlich so einen Internet-Radio-Empfänger besorgen, da gibts sowas auch bei uns frei Haus.

Im Hotel haben wir wegen der Verspätung das Abendessen verpasst. Am nächsten Morgen treffen sich die Gäste im Frühstücksraum. Italiener, Franzosen, Österreicher, Holländer, Deutsche. Ich habe eine *Frankfurter Allgemeine Sonntagszeitung* ergattert. Lese Sabine genüsslich, aber leise die eine oder andere Passage vor. Sie hasst das. Ein leichter Disput ergibt sich. Und mir rutscht relativ laut und ein bisschen scharf ein Name heraus: „Merkel".

M-E-R-K-E-L. Dies war der Moment, in dem der Kosmos innehielt. Das Klappern der Frühstücksbestecke hörte auf. Erstarrung am Buffet. Selbst die funktionelle Hintergrundmusik im Raum schien auszusetzen. Ein Herr blickte mich über den Rand seiner Designerbrille an. Eine Dame ließ vom Bio-Mozzarella ab. Sabine trat mir mit voller Wucht unter dem Tisch gegen das Schienbein und zischte: „Bist du bekloppt? Doch nicht hier!" Das Leben ist dann doch ziemlich komisch. Jedenfalls kam mir die Idee zu einem kurzen Sketch: „Don't mention Angela."

Lovespeech forever!

Jan Böhmermann will dem Hass im Netz „Liebe und Vernunft"
entgegensetzen. Und damit ist er nicht alleine. „Wir lieben Fliegen",
sagt Condor, „Wir lieben Autos" (VW), „Weil wir Schuhe lieben"
(Deichmann), „Wir lieben Lebensmittel" (Edeka), „Backen ist Liebe"
(Sanella), „Ich liebe es" (McDonald's). Auch Chris und Tina, Torben und Melanie – und wie sie alle heißen mögen – wollen das
Volk mit Liebe beglücken. „Mit Love Speech verbreitest du Liebe
und Freude durch wertschätzende Sprache", las ich dieser Tage
auf der regierungsamtlich unterstützten Website der Initiative
„Gesicht Zeigen!".

Das erinnert den Absolventen einer – außerhalb von NRW
und Bremen gelegenen – Lehranstalt zwangsläufig an den guten
alten Orwell und sein „1984". Protagonist der Handlung ist bei
Orwell nicht der Jan oder der Torben, sondern der Winston, der
sich trotz der allgegenwärtigen Überwachung seine Privatsphäre
sichern will und etwas über die reale, nicht umgeschriebene Vergangenheit erfahren möchte. Wikipedia fasst das Ende der Geschichte so zusammen:

„Unter der Folter im ‚Ministerium für Liebe' bricht er psy-
chisch zusammen, verliert seine gerade erst neu gewonnene Indi-
vidualität und glaubt nach einer Gehirnwäsche schließlich, durch
seine neu entdeckte Liebe zum Großen Bruder endlich frei zu sein."

Bei „Gesicht Zeigen!" haben sie den Orwell glatt getoppt, weshalb ich die Initiative hiermit für den Friedenspreis des Deutschen
Buchhandels vorschlagen möchte:

„Im Sinne von Love Speech! möchten wir den Begriff der Indi-
viduenbezogenen Menschenfreundlichkeit (IMF) in die Debatte
einführen. Bei IMF geht es darum, Menschen als individuelle Person anzusprechen und sie auch individuell zu behandeln und
zwar in freundlicher, positiver und ermutigender Art und Weise.

Daraus resultiert eine Realität der Gleichwertigkeit. Die IMF steht im Kontrast zu dem Konzept der Gruppenbezogenen Menschenfeindlichkeit (GMF). GMF erfasst und systematisiert feindselige Einstellungen gegenüber verschiedenen Menschengruppen. Grundlegend für GMF ist eine Ideologie der Ungleichwertigkeit ... No one needs hate – everybody needs love!"

Weiter wird empfohlen: „Und am besten: Jeden Tag den Love-Speech-Check machen!" Es gehe darum, aus der „negativen Gedankenspirale herauszukommen", für den Anfang genüge ein Lächeln. Als ich das gelesen habe, kam mir ein verwegener Gedanke. Schluss mit den theoretischen Betrachtungen! Schluss mit dem Orwell-Gehubere! Ein Selbstversuch muss her. Vielleicht funktioniert das ja doch mit der Love Speech. Man soll ja unvoreingenommen sein.

Ich setze also gestern morgen mein schönstes Lächeln auf und begrüße Sabine mit einem zuckersüßen „Guten Morgen, Liebling". Sie sieht sich verunsichert um, ob da möglicherweise jemand hinter ihr steht, den sie übersehen hat. „Ist irgendwas nicht in Ordnung?" lautet ihre Erwiderung, „oder ist das ein Hinterhalt?"

„Nein, Liebling, das ist mein Love-Speech-Check."

„Love was?"

„Gesicht zeigen und so. Da macht auch Maybritt Illner mit."

„Maybritt Illner, um Gottes willen."

„Der Mensch soll sich nie über andere Menschen erheben."

„Das musst du gerade sagen."

„Wie meinst du das?"

„Weil ich seit Jahren keine Nachrichten mehr hören kann, ohne dass du ständig dazwischen quatschst und lovespeechmäßig alle in die Tonne trittst."

„Love Speech bedeutet auch, Menschen aktiv in ein Gespräch einzubeziehen. Damit signalisiere ich Interesse und stärke das Selbstwertgefühl."

„Deins vielleicht. Meins nicht."

„Könnte ich dein Selbstbewusstsein möglicherweise durch den Kauf von zwei frischen Croissants stärken?"

„Ja, das klingt schon besser."

Ich gehe zum Bäcker. Vor mir eine junge Frau mit Fahrradhelm. Hinter der Theke eine freundliche und gut gelaunte Verkäuferin mit Migrationshintergrund. Versteht etwas vom Verkaufen, versucht ein Lockangebot: „Wir haben heute drei Stück Kuchen für einsfünfzig." Entsetzte Antwort: „Ich bin Veganerin." Darauf die Verkäuferin, sichtlich geknickt: „Ach, das sind die, die auch keine Milchprodukte essen?" Kundin: „Richtig." Und dann noch: „Wenn Sie veganen Kuchen anbieten, dann kaufe ich den auch." Ich krame gerade rechtzeitig noch die Empfehlung von Love Speech hervor: „Für Lächeln benötigen wir bekanntlich viel weniger Muskeln als für Stirnrunzeln – lächeln ist also leichter." Ich lächle, was das Zeug hält, bin aber unsicher. Ich habe das ungute Gefühl, dass ich dabei aussehe wie ein Krokodil, das auf eine unvorsichtige Veganerin lauert.

Endlich bin ich an der Reihe. Ich beschließe, die geplagte Verkaufskraft mit einer fröhlichen Bemerkung aufzubauen: „Ich bin Carnivore." Verkäuferin runzelt die Stirn: „Und was essen die nicht?" Ich: „Die essen alles, besonders Fleisch." Verkäuferin: „Möchten Sie vielleicht unseren Kuchen probieren?" „Nur wenn es ihn mit Hackfleisch gibt." Verkäuferin leicht belehrend: „Man muss gegenüber allen tolerant sein." Ich: „Ja, auch gegenüber Hackfleisch." Beim Bezahlen verabschiede ich mich mit einem herzlichen: „No one needs hate – everybody needs love!" In der Schlange hinter mir: Entsetzen. Schweigen. Hab ich was falsch gemacht?

Ich gehe zurück zu unserem Haus. Die Einfahrt zur Garage ist blockiert. Ein riesiger Cadillac steht auf dem Bürgersteig davor. Mich beeindruckt die demonstrative Gleichgültigkeit sowohl gegenüber Park-Bestimmungen als auch gegenüber lästigen TÜV-Vorschriften. Das Teil ist bis auf wenige Zentimeter Bodenfreiheit tiefergelegt und in einem provozierenden mattschwarz lackiert. Ich weiß, wo ich den Besitzer vermuten muss. Beim Friseur nebenan. Der ist ein ganz Netter, ebenfalls mit Migrations-Hintergrund. Er verpasst seiner Kundschaft diese Fußballer-Frisuren. Ich würde da ja auch hingehen, habe aber Angst, als Ribéry wieder raus zu kommen.

Ich betrete den Friseurladen. Da sitzt er, der Ribéry, mit einem Kreuz wie ein gedopter DDR-Gewichtheber. Ich setze mein bereits geübtes Lächeln auf und frage in die Runde: „Wem gehört der Cadillac da draußen?" Das Klappern der Scheren verstummt. Der Föhn ebenfalls. Ein letztes Haarbüschel schwebt still zu Boden. Alle starren mich an. Ich glaube, leise eine Mundharmonika zu hören. Der Ribéry schwingt in seinem Drehstuhl zu mir herum und blickt mir tief in die Augen wie einst Henry Fonda in „Spiel mir das Lied vom Tod". Dann sagt er – und es klingt nicht nach Love-Speech: „Der gehört mir."

Ich sage: „Mann, ist das eine geile Karre! Wo hast du die denn her?" Die Scheren fangen wieder an zu klappern, der Föhn wird angeschaltet, und wir führen eine sehr nette Unterhaltung über die technischen Spezifikationen seines Amischlittens. Zum Abschied weise ich ihn darauf hin, dass sich die Herrschaften von der städtischen Parküberwachung zu seinem Standort vorarbeiten. „Macht nix", sagt der Ribéry, „dann gibt's was auf die Fresse." Ich sage: „Love Speech for ever!" Der Ribéry verabschiedet sich von mir mit einem fetten High-Five. Na bitte, klappt doch.

Exil üben in Prag

Die erste Bekanntschaft, die ich in Prag mache, hat vier Beine. Der Deutsche Schäferhund ist hauptamtlicher Mitarbeiter eines bewachten Parkplatzes im zweiten Prager Bezirk. Der Hund hat eine ziemlich strikte Dienstauffassung. Er hindert Personen daran, Autos zu betreten, die ihnen nicht gehören. Allerdings hindert er auch Menschen daran, Autos zu verlassen, die ihnen gehören. Da müssen die Dienstanweisungen irgendwie unklar gewesen sein.

Dann erscheint endlich Lubor, sein Vorgesetzter, und gibt Entwarnung. Der Parkwächter bittet mich, das Auto in der Mitte des Platzes gleich neben seinem Wohnwagen abzustellen, in dem er die Nacht über wacht. Lubor spricht wie viele Prager etwas Deutsch, mit diesem wunderbaren böhmischen Akzent: „Bittäääscheen, der Herr, steigen's aus, er ist a liebäääs Hundääärl."

Wir kommen ein wenig ins Gespräch und Lubor lässt die jüngste Geschichte der Tschechischen Republik aus seiner Sicht Revue passieren: Vor 1989 gab's nur wenig Autos. Und die meisten Autos, die es gab, wollte keiner so recht stehlen. Die wenigen aber, die es zu klauen lohnte, waren viel zu auffällig, um im grauen sozialistischen Alltag damit unbehelligt umherfahren zu können.

Größtes Manko dieses Systems aus Lubors Sicht: Es gab keinen Bedarf für bewachte Parkplätze. Das hat sich seitdem gründlich geändert. Es gibt endlich Autos, die es zu stehlen lohnt. Es gibt jetzt so viele davon, dass es überhaupt nicht auffällt, wenn man damit herumfährt. Tschechien hat einen bewundernswerten wirtschaftlichen Aufschwung hinter sich, und der manifestiert sich in der tschechischen Autoflotte, aus der Ladas und Wartburgs längst ausgemustert wurden. Die zaghaften Startups der Autoklau-Branche sind inzwischen zu zuverlässigen Handelspartnern herangewachsen, die großen Wert auf Kundenzufriedenheit legen und pünktlich liefern. Nach Schätzungen der Polizei werden 60 bis

70 Prozent der Fahrzeuge ausgeschlachtet und anschließend in Ersatzteile zerlegt verkauft, Luxuswagen treten meist die Reise in den tieferen Osten an.

Prag ist Hauptstadt der Autodiebe, jedes dritte in Tschechien gestohlene Auto verschwindet in der Hauptstadt, im Jahr 2014 waren es täglich acht Stück. Prag braucht also bewachte Parkplätze. Lubors einst ungenutztes Brachgrundstück erlebte eine ungeahnte Wertsteigerung. „Der Kapitalismus ist eine wunderbare Sache", freut er sich mit dem leicht skurrilen Humor der Prager und krault zufrieden seinen Schäferhund hinter den Ohren. Außerdem gibt er mir noch eine Warnung vor Risikomilieus mit auf den Weg: „Geldwechsler auf der Straße, Taxis und Restaurants der mittleren Preisstufe, bittäääscheeen."

Aber auch die Polizei der Stadt hat aufgerüstet. Sie hat beispielsweise die Sirenen ihrer Fahrzeuge aus den USA importiert. Duuiii, duuiii, duiiii: Jede Streife im Einsatz kündigt sich durch einen Höllenlärm an, und der Passant rechnet damit, dass jetzt ein schwerer Amischlitten mitsamt Sheriff auftaucht. Statt dessen jault ein kleiner Skoda mit vollkommen überdimensionierter Sirene ums Eck, meist auch noch mit drei bis vier Polizisten vollbesetzt. Alle schauen schmerzverzerrt, was ganz offensichtlich an der räumlichen Enge des Fahrzeugs und der durchschlagenden Federung liegt. Die Situation hat etwas Urkomisches an sich. Ich freue mich jedes Mal wie ein Kind, wenn das Sirenen-Gedöns erklingt und ein Skoda zu erwarten ist.

Ich will noch jemanden treffen und frage nach dem berühmten Bierlokal U Kalicha, was auf Deutsch „Zum Kelch" heißt. Der brave Soldat Schwejk, jener große Antikriegsheld der Literaturgeschichte, hat sich dort „um sechs Uhr nach dem Krieg" verabredet. Nun, es ist kurz vor sechs, mal sehen, ob Schwejk vielleicht vorbeischaut. Nach einem nicht allzu langen Fußmarsch betrete ich die Bierschwemme. Ist aber niemand da.

Die blankgescheuerten hölzernen Tische sind verwaist, und die Kellner stehen gelangweilt umher. Aus der Küche duftet es zwar schon nach deftigen böhmischen Gerichten, die Gästescharen kommen aber erst später. Ein Ober versichert mir: Ab zehn Uhr gibt's keinen freien Platz mehr, und das Bier fließt in Strömen. Doch so lange will ich nicht warten. Ich ziehe weiter und schlendere durch die Straßen hinab Richtung Altstadt. Nur sollte ich bis dorthin gar nicht kommen.

Statt dessen erliege ich der Neugier und betrete ein ganz normales Prager Wirtshaus, wie es in den Vororten und am Rande der Innenstadt viele gibt. Die Speisekarte weist das ebenso verrauchte wie gut besuchte Etablissement als der unteren Preiskategorie zugehörig aus. Merke: Kein Risikomilieu. Sondern eine sichere Sache: Der Schweinsbraten ist ein Genuss und steht gewissermaßen zu Vorkriegspreisen auf der Karte. Die Gäste rücken zusammen, denn die Tschechen können stundenlang beim Bier sitzen und reden. Ich rufe meinen Bekannten Vojtech an, den ich mal bei einer Recherche über tschechisches Design kennengelernt habe und schlage ihm vor, zur Runde dazuzustoßen. Er stimmt freudig zu.

Haben sie ein wenig Vertrauen gefasst, geben Tschechen auch ihnen zuvor völlig unbekannten Personen freundlich Einblick in ihre Lebenseinstellung. Es wird viel politisiert, die Tschechen gehören im Schimpfen zur Weltspitze. Die Objekte ihres Zorns werden jeweils mit den Bezeichnungen für zweifelhafte Körperorgane oder Tiernamen bedacht.

Da einige des Deutschen und viele des Englischen mächtig sind, krieg ich auch bald die Diskussion am Tisch mit. Dann stößt Vojtech dazu. Es geht um den Prager Künstler und Provokateur David Černý. Er ist mir ein Begriff, weil er an der Fassade seiner Prager „Meet Factory", einer kosmopolitischen Mischung aus Musikclub und Kunstatelier, zwei Autos an riesigen Fleischerhaken aufgehängt hat. Das ist aber bei Weitem nicht alles, was er so anstellt. Bei Černýs Version des Wenzel-Denkmals hängt das Pferd mit dem Kopf nach unten an der Decke und der heilige Wenzel sitzt auf seinem Bauch. Am schärfsten aber ist eine Auftragsarbeit für die EU. Das Kunstwerk Entropa ist eine Installation für die Eingangshalle im Gebäude des Rats der Europäischen Union in Brüssel anlässlich der tschechischen EU-Ratspräsidentschaft vor acht Jahren.

Das Kunstwerk sollte die damals 27 Mitgliedsländer der Europäischen Union in Symbolen repräsentieren. Sofort löste die Installation heftige Reaktionen aus, weil viele ihr Land durch die Art der Darstellung verunglimpft sahen. Für das von der Prager Regierung in Auftrag gegebene Werk sollten unter Černýs Leitung 26 weitere Künstler für die jeweiligen Länder einen Beitrag leisten. Dann kam heraus, dass Černý und seine Mitarbeiter die gesamte Installation selbst entworfen und die Namen, Biografien und Homepages der angeblich beteiligten Künstler frei erfunden hatten. So wurde Belgien als Pralinenschachtel dargestellt, Dänemark als Ansammlung von Lego-Steinen, Deutschland als Fläche von Autobahnen, deren Anordnung irgendwie als Hakenkreuz ... na, Sie ahnen es. Am meisten entrüstet zeigte sich aber die bulgarische Regierung von der Darstellung ihres Landes als einer Ansammlung von durch Leitungen miteinander verbundenen „türkischen Toiletten".

Während der Kneipen-Debatte darüber, ob Černý nun ein Nest-Beschmutzer oder eine Zierde der Nation sei, wird Bier getrunken und vor allem geraucht, als drohe der erneute Einmarsch der Roten Armee. Die Tschechen sind da nach wie vor etwas sensibel und neigen zu politisch nicht korrekten Demonstrationen, beispielsweise, wenn sie amerikanische Truppen begeistert empfangen.

Auch ist Tschechien das letzte europäische Bollwerk gegen das Rauchverbot in Gaststätten, obwohl eine ganze Reihe Etablissements sich freiwillig auf die Nichtraucherseite schlagen. Ein lange vorbereitetes Antirauchergesetz ist im Parlament im Jahr 2016 jedenfalls durchgefallen. Die EU droht nun mit Subventionskürzungen, ich vermute aber, das ist immer noch Rache für Černý. Skurrilität und trauriger Humor sind eine charakteristische Eigenschaft der Stadt und ihrer Bewohner. Während der kommunistischen Herrschaft gehörte beispielsweise der inszenierte Nervenzusammenbruch zum Widerstand gegen das System. Nur wer medizinisch einwandfrei weggetreten war, durfte sagen, was er wollte. Der Begriff „heller Wahnsinn" bekam in seiner Prager Spielart eine ganz neue Bedeutung und bezeichnet eine ebenso erleuchtete wie raffinierte Spielart der Opposition. Muss ich mir merken, man kann ja nie wissen, wann man so etwas wieder braucht. Menschen, die geistig herausgefordert oder anders begabt sind, dürfen ja nicht diskriminiert werden.

Gerne erzählen die Prager auch jene Anekdoten, die sich um den Einmarsch der Sowjetsoldaten ranken, als diese 1968 den Prager Frühling niederschlugen. Die des Landes unkundigen russischen Wehrpflichtigen mit ihren Panzern hatten vielfach Schwierigkeiten, Prag überhaupt zu finden, weil überall im Lande über Nacht die Schilder Richtung Prag verschwunden waren. Statt dessen zeigten Hinweise nur noch in eine Richtung: Moskau. Und auch in Prag selbst waren die Besatzer gegen den Irrtum nicht gefeit. Statt wie geplant das Parlament am Wenzelsplatz beschossen sie das Nationalmuseum – in der irrtümlichen Annahme, der wunderbare Prachtbau könne nur die Köpfe der Republik beherbergen. In Wahrheit sind hinter der Fassade aber zwei Mammutschädel und ausgestopfte Bären beheimatet. Die Politik residierte in einem realsozialistischen Betonklotz nebenan. In puncto falsche Fährten legen kann man von den Tschechen nur lernen.

Die Zeit in der Bierschwemme vergeht wie im Fluge, Vojtech und ich beschließen, vom geplanten Besuchsprogramm abzuweichen. Ich liebe Städtetouren, die sich auf den Radius einer einzigen Kneipe beschränken. So etwas nennt man Mikro-Kosmos. Da in der Regel bewusstseinserweiternde Substanzen ausgeschenkt werden, lernt man viel über eine Stadt, ohne sinnlos herumlatschen zu müssen. Und wenn man mit etwas Glück ein geeignetes Etablissement samt satisfaktionsfähiger Insassen gefunden hat, dann sollte man die Gunst der Stunde ausnutzen und einfach bis zur Sperrstunde sitzen bleiben. Das spart Sprit und ist somit eine vorbildliche und klimaschonende Art zu reisen.

Vojtech arbeitet als Gestalter in einem Werbeatelier, das oben im Prager Stadtteil Holesovice ansässig ist, einem ehemaligen Industrierevier, das jetzt von der jungen Avantgarde entdeckt, sprich gründlich gentrifiziert wird. Die Tschechen hatten schon immer ein Händchen für Kunst, Design und Stil, das merkt man in vielen Geschäften, aber beispielsweise auch im technischen Museum der Stadt. „Selbst in sozialistischen Zeiten wurde in Prag Wert auf eine ansprechende Gestaltung von Alltagsgegenständen gelegt – vom Fernseher bis zur Badewanne oder Küchenmaschine", erzählt Vojtech. Allerdings mussten sich auch die Designer dem herrschenden Regime unterordnen – was viele in die innere Emigration trieb. Nach dem Fall des Eisernen Vorhangs wurden die schöpferischen Kräfte im wahrsten Sinne des Wortes befreit.

Man lässt sich hier nicht gerne etwas vorschreiben, die Erinnerung daran ist noch zu frisch. Was gut und was böse ist, wollen die Tschechen selbst entscheiden – und sie streiten darüber so heftig, dass man um den Landfrieden fürchtet. Das muss man aber wohl eher dort, wo nicht mehr gestritten werden darf. Ein berühmter Ausspruch des Schwejk lautet: „Wenns alle Menschen mit den anderen Menschen gut meinen möchten, tät bald einer den andern erschlagen."

Mit der Straßenbahnlinie 11 geht's am Schluss zurück in die kleine Hinterhof-Pension am Rande der Innenstadt. Um halb zwölf des Nachts ist die Tram voll besetzt. Die Bahn scheint nur zwei Fahrstufen zu kennen: Vollgas oder Vollbremsung. Fünf ausgewachsene Pilsener lassen mich beim Stehen festen Halt suchen. Die Flüssigkeit in meinem Magen schwappt bedenklich umher. Ich bewundere die Prager, die dabei auch noch die frisch ausgelieferte Zeitung vom nächsten Tag lesen können. Die Tschechen scheinen von der Meinungsfreiheit noch genauso fasziniert zu sein wie am ersten Tag. Sollte es hierzulande mal eng werden, wäre Prag sicherlich nicht das schlechteste Exil.

Das ultimative Tischfeuerwerk

Zum Glück sind die diversen Jahresend-Festivitäten heil überstanden. Halbwegs. Die Zahl der Einladungen zu Weihnachtsfeiern und dergleichen wird in meinem Fall ohnehin von Jahr zu Jahr überschaubarer. Diverse Freunde und Bekannte, die mich früher als durchaus unterhaltsamen Tischnachbarn schätzten, sind inzwischen der Meinung, dass ich in freier Wildbahn, respektive an ihrer Festtafel, eine Gefahr für den Weltfrieden darstelle.

Selbst milde Witze oder ironische Spitzen hatten in den vergangenen Jahren immer wieder zu Verstimmungen geführt. So brachte meine Bemerkung „Der Islam hat nichts mit dem Islam zu tun" einen gutmeinenden Tischnachbarn derart gegen mich auf, dass er dem Gastgeber für die nächste Feier ein einleuchtendes Ultimatum stellte: „Der oder ich."

Nun gibt es ganz alte Freunde oder auch klammheimliche Sympathisanten, die mich trotzdem einladen. Allerdings achten auch sie darauf, dass ich die reine Unschuld der Gäste nicht kontaminiere, und lenken die Geschicke mit einer festgelegten Sitzordnung. Jedenfalls fand ich mich auf einer großen Feier an einem Tisch, an dem rein zufällig auch Leute saßen, die wie Thilo Sarrazin und Henryk Broder aussahen. Um den Tisch herum schien so eine Art mentaler Todesstreifen installiert worden zu sein, jedenfalls hielten die anderen Gäste einen ausreichenden Sicherheitsabstand (halbe Tachoanzeige in Metern).

Als rücksichtsvoller Gast will man dem Gastgeber natürlich keine Schande machen. Das gilt besonders, wenn es sich beim Gastgeber um meine Frau handelt und ein paar Freunde (Computerbranche, Öffentlicher Dienst, Bank) zu uns nach Hause eingeladen sind. Deshalb hatten sich alle Beteiligten um des lieben Friedens willen in stiller Übereinkunft entschlossen, ein bestimmtes Thema nicht anzusprechen: Die Flüchtlingsfrage. Sie schwebte wie ein Damoklesschwert über dem Rotwein (Chianti 2016, Lidl). Da alle voneinander ahnen, wie und was sie denken, und mitunter auch gegenseitig Grundsatztexte wie Wurfgeschosse in der Mailbox einschlagen, wurde strikte Politik-Enthaltsamkeit verordnet.

Das Essen ging eigentlich harmonisch los. Rote-Beete-Suppe mit Quarknocken. Auch das Gespräch verlief in einträchtigen Bahnen: „Die Restaurantpreise sind überzogen, eine stinknormale Pizza für 10.50 Euro!" – „Unser Sohn lässt grüßen." – „Unserer auch!" – „Ferien in Deutschland sind auch schön." Der ehrliche Wille, den Abend nicht zu versauen, ließ uns mit größter Begeisterung über jeden Blödsinn parlieren. Dann wurde die Konversation doch ein wenig zäh, bis plötzlich alle schwiegen. Wie peinlich. Sabine rettete die Situation mit einer Frage von größter Bedeutung: „Paul, wo ist eigentlich eure Katze?" Bedauerlicherweise verlor ich daraufhin die Nerven und ergänzte mit einer zweiten Frage: „Und wo sind eigentlich deine syrischen Ärzte und Facharbeiter?" Allseitiges Entsetzen. Alarmstufe Rot am Tisch. Oder besser unterm Tisch: Heftige Tritte gegen diverse Schienbeine.

Zu spät. Das Damoklesschwert saust krachend herunter und durchtrennt das Tischtuch. Es wurde blank gezogen und die Klingen flogen. Jeder kennt mittlerweile mindestens drei argumentative Züge des Gegners im Voraus. Doch nach der dritten Flasche Lidl-Chianti vermochte keiner mehr über irgendwelche Brücken aufeinanderzuzugehen. Sehr kühler Abschied. Nichts da mit Küsschen rechts, Küsschen links und „Das nächste Mal bei uns". Die nachbereitende Telefondiplomatie brachte bislang noch keine Ergebnisse, aber wir wollen frei nach Frank Walter Steinmeier den Gesprächsfaden nicht abreißen lassen.

Silvester feiern wir vorsichtshalber alleine, was ich ein wenig bedauere, denn es geht doch nichts über ein schönes Tischfeuerwerk. Zur Einstimmung empfehle ich den ein oder anderen Knallfrosch. Verlesen Sie beispielsweise den letzten gelungenen Trump-Tweet: „Vielleicht könnten wir ein bisschen von der guten alten Erderwärmung gebrauchen!" Prusten Sie laut los und lachen schallend über sich selbst. Auch hübsch: „Adolf Hitler würde sich heute als Israelkritiker bezeichnen", wahlweise „Zweistaatenlösung". Ich garantiere Ihnen: Nach der Detonation werden Sie am Tisch eine Stecknadel fallen hören. Lockern Sie dann die Stimmung mit ein wenig bengalischem Feuer auf, indem Sie in das Gespräch rätselhafte Formulierungen wie „Religion der Toleranz und des Friedens", „posttraumatische Belastungsstörung", „Einzelfall" oder „Staatsfunk" einfließen lassen. „Ich habe meinen Pass verloren" oder „Merkel muss weg" empfehle ich aber erst ganz zum Schluss als Chinaböller.

Kater auf St. Pauli

Als Angehöriger des journalistischen Berufsstandes konnte man, bevor Berlin Hauptstadt wurde, nur schwer vermeiden, zumindest eine Zeit lang zum Bürger der Medienmetropole Hamburg zu werden. Ich arbeitete damals bei einer großen Hamburger Illustrierten, Sie ahnen es, welche, aber ich bereue nichts. Zumindest fast nichts. Die Redaktion residierte damals an der Außenalster. Wegen seiner charakteristischen Betonform wurde der Bau im Volksmund recht treffend als „Affenfelsen" bezeichnet.

Inzwischen ist der betreffende Medienzoo weitergezogen und ließ sich in einem stählernen Gebäude direkt am Hafen nieder, das entfernt an einen Dampfer erinnert. Die Gegend ist heute richtig schick. Eine Anzahl feiner Restaurants und Geschäfte kontrastiert aufs Heftigste mit dem nicht ganz so erlesenen Publikum des Fischmarktes. In der Blütezeit meines eigenen Wirkens ragten am Hafen noch die illegal besetzten Ruinen der berüchtigten „Hafenstraße" empor und nebendran duckte sich ein geheimnisvolles Etablissement namens Amphore. In dieser Zeit spielt auch mein schönstes Hamburg-Erlebnis, oder sagen wir besser: mein unvergesslichstes. Ich werde mich wohl noch lange daran erinnern, wobei ich mich an das meiste nicht wirklich erinnern kann. Aber damit sind wir schon mitten in der Geschichte.

St. Pauli, Altona und die Straßenzüge am Hafen galten viele Jahre lang als preiswerte Adressen, weshalb ich hier während des aufstrebenden Teils meiner Journalistenkarriere Wohnung nahm. Mein Revier kannte ich damals mit verbundenen Augen, weil man es hören, riechen und schmecken konnte. Hamburgs wahrer Schatz ist der Hafen mit seinem speziellen Geruch von Fernweh und fremden Ländern. Das Meer atmet vom Elbstrom durch die Fleete bis in die stille Alster und ihre Kanäle hinein. Hamburg, 110 Kilometer von der Nordsee entfernt, hat eine offene Verbindung zum

Ozean, die Ebbe saugt die Hafenbecken und Fleete aus, die Flut lässt das Wasser an den Ziegelmauern der Kais und Lagerhäuser hochschwappen. In dieser den Gezeiten ausgelieferten Welt kann sich Biedersinn nur schwer festsetzen, die andernorts oft angestrengt wirkende Weltoffenheit hat am Hafen ihre natürliche, selbstverständliche Komponente.

Jeder, der in seinem Leben schon einmal einen gehörigen Rausch ausgeschlafen hat, kennt diese spezifische Art des Erwachens. Aus dem Magen steigt in rhythmischen Gezeiten Säure auf. Und der Pelz auf der Zunge erinnert an Omis Persianer. Kleine Hämmer misshandeln die Schädeldecke wie ein Kleinkind sein erstes Xylophon. Die Enden der Kopfnerven schmerzen, als zupfe ein erbarmungsloser Flamenco-Gitarrist daran. Große Hornbläser verursachen dröhnenden Kopfschmerz. Dann die Frage: Wache ich oder träume ich? Oder befinde ich mich womöglich schon im Schattenreich, dahingerafft von allzu viel Aquavit und Astra-Urtyp?

Das dunkle Dröhnen der Sirenen wird an diesem Morgen immer lauter und mischt sich allmählich mit dem rhythmischen Kurbeln großvolumiger Schiffsdiesel. Ich blinzele hinaus in den nebelverhangenen Tag. Aha: Nebel im Hafen. Daher die Geräuschkulisse. Ich lebe noch. Dann der Blick an meine Seite: Niemand da, gottseidank, wenigstens das nicht. Ich bin vollkommen angezogen, lediglich die Schuhe sind verschwunden (und sollten es auch bleiben). Zum Auslüften schlendere ich später über die prächtige Palmaille zu dem kleinen Park, der Altonaer Balkon heißt. Der Hafen liegt unten in einer dicken weißen Suppe, schemenartig tasten sich große Frachtschiffe durch die Hafenarme. Eine Armada von Schleppern und Barkassen umschwirrt die großen Pötte, mehr hörbar als mit den Augen erkennbar.

Das Geisterhafte der Szenerie ist durchaus meiner Verfassung angemessen, denn auch meine Erinnerung lässt nur schemenhafte Umrisse erkennen. Das Konzert der Nebelhörner ist normalerweise Musik in meinen Ohren, doch an diesem Tag schmerzt es bedenklich. Jede Stufe, die ich die historische Köhlbrandtreppe hinunter zum Fischereihafen nehme, verursacht einen scharfen Stich in der Schläfe. Am Ende der Brücke unten rechts liegt der Schellfischposten. Eine Ahnung sagt mir, dass ich in dieser Kneipe gestern noch eingekehrt sein könnte, doch ich wage mich nicht mehr in das Etablissement. Wer weiß, was dort war.

Zwei Fragen martern mein Gehirn. Erstens: Wo hast du dein Auto geparkt? Und zweitens: Was ist mit Marina? So hieß damals meine Muse, gleichsam passend zum Hafen. Aber Marina war Berlinerin mit der entsprechenden Schmäh- und Schnodder-Rhetorik, weshalb ich den Anruf bei ihr fürchtete. Also rekonstruierte ich den Abend aus den wenigen mir verbliebenen Puzzlesteinen: Am Anfang des Abends saß Marina noch an meiner Seite. Ein befreundeter Medienmensch hatte aus Anlass seines Geburtstags zu einer ganz besonderen Hafenrundfahrt geladen. Der historische Dampfschlepper Tiger, der normalerweise im Oevelgönner Museumshafen festgemacht hatte, wurde zu diesem Zweck gechartert. Fröhlich paffend und pfeifend hatte uns das Schmuckstück Baujahr 1910 nachmittags an den Landungsbrücken begrüßt.

Bis 1965 versah die nautische Kostbarkeit noch regulär ihren Dienst im Hamburger Hafen und auf der Unterelbe bis Brunsbüttel. Die Bugsierfirma Steffen war bekannt dafür, dass sie ihre Schiffe besonders gut pflegte. Sie stellten mit ihren polierten Messing- und Kupferbeschlägen stets eine Zierde der Hansestadt dar. Doch nicht nur optisch, sondern auch technisch zeigte sich der Tiger stets von seiner besten Seite. Ein völlig abklappbares Steuerhaus und ein mit minimalem Kraftaufwand zu kippender Schornstein erlaubte die Durchfahrt unter niedrigen Brücken. Eine Dampfruderanlage (Servo!) gestattete ohne Kraftanstrengung leichtestes Manövrieren, und eine gesonderte Heißwasserleitung in die Kajüte ermöglichte – Gipfel des Fortschritts – die Zubereitung von Tee oder Kaffee. Sogar ein Plumpsklosett war eingebaut. 1977 wurde das Museumsstück in einer Hafenecke wiederentdeckt und restauriert. Ganz Hamburg unterstützte die Aktion mit Spenden und Sachleistungen. Wenn es um den Hafen geht, sind die kühlen Hamburger wunderbar sentimental.

An Bord versammelte sich zum Geburtstagsausflug eine nette Gesellschaft, nicht untypisch für Hamburg: ein bisschen Schickeria, ein bisschen altes Geld, ein bisschen Halbwelt. Die einen Mitglied im Fitnessstudio, die anderen im Golfclub und der Rest im Kampfsportverein. Dazwischen, als Wanderer zwischen den Welten, Rainer, Lokalreporter bei einem Abendblatt, mit dem Arbeitsschwerpunkt St. Pauli und Reeperbahn. Keiner konnte charmanter aus dem prallen Leben erzählen als Rainer, weshalb er sich sofort mit Marina verstand.

Kapitän und Heizer setzten den Tiger gehörig unter Dampf. Tief ein- und ausatmend stampfte das Schiff hinaus zur großen Hafenrundfahrt. Der Motor leistete 240 PS bei 130 Umdrehungen pro Minute, der technisch Begabte konnte die Bewegungen der Kurbelwelle gut mitzählen. Auch die Passagiere gerieten zusehends unter Dampf, das Mitzählen der Aquavit-Runden wurde alsbald aufgegeben. Den klaren Schnaps bezeichnete Rainer als „Köm" und bestellte ihn stets mit dem Trinkspruch „Lütt un Lütt". Das üppige Fischbuffet wollte schwimmen. Marina rückte im hektischen Bugsierbetrieb von mir ab und kam irgendwann auf Rainers Schoß zu sitzen. Fortan hatte sie weder Blicke für das Trockendock von Blohm und Voss noch für den Bananenkai. Bedauerlicherweise kam auf meinem Schoß niemand zu sitzen, sondern ich blieb alleine mit Buffet und Aquavit. Zwischen Bremer Kai und Stückgutbahnhof muss der Film dann „lütt un lütt" endgültig gerissen sein.

Alle meine Versuche, die weiteren Geschehnisse des Abends im Nachhinein wachzurufen, waren vergebens. Also rief ich aus einer Telefonzelle am Fischmarkt bei Marina an (Mobiltelefone waren noch nicht gebräuchlich). Vorsichtshalber wollte ich mich nicht nach meinem Betragen, sondern lediglich nach dem Verbleib meines Automobils erkundigen. Das überraschte Marina: „Du hast es doch verkauft!" Wie bitte? „Ja, an Rainer." Für wie viel? Sie nannte einen Preis, der dramatisch unterhalb der Schwacke-Gebrauchtwagennotierung lag. Ist das dein Ernst? „Nein. Aber Rainers. Schließlich hat er bar angezahlt." Und wo ist das Auto? „Ja, bei Rainer natürlich." Abwechselnd kalte und heiße Schauer liefen über meine Stirn. Bevor Marina in die genüssliche Schilderung weiterer Details einsteigen konnte, legte ich entgeistert auf.

Sie verzieh mir einige Tage später und kehrte an meine Seite zurück. Auch mein italienisches Auto wurde mir rasch zurückgegeben. Grund: Es sprang an feuchten und nebligen Tagen ungern an, angesichts der Hamburger Wetterverhältnisse also praktisch nie. Die nicht unerhebliche Anzahlung blieb allerdings irgendwo im Bermuda-Dreieck zwischen Reeperbahn und Fischmarkt verschollen. Genau wie meine Schuhe.

Sei ein Frosch!

An einem zugigen Februar-Wochenende besuchte ich seit langer
Zeit mal wieder die Kleinstadt in der Eifel, in der ich aufgewach-
sen bin. In den siebziger Jahren war da richtig was los, viele junge
Leute und Schüler, reichlich Kneipen und eine lebendige Innen-
stadt voller Geschäfte. Ich erinnere mich gerne an jene Zeit, gebe
aber zu, dass ich meiner Heimat schnell untreu geworden bin.
Die Jahre vergingen, die Besuche wurden seltener und kürzer.
Man verlor sich aus den Augen. Ich bekam die allmähliche Verän-
derung des einst florierenden Marktfleckens nicht so recht mit.
Die Verödung der kleinen Städte ist ja ein häufig anzutreffendes
Phänomen, für mich war das aber sehr theoretisch. Dann war es
plötzlich ganz praktisch.

Ich schlenderte abends durch die historische Altstadt – und war
dabei so alleine, als sei ich auf einem Spaziergang in der Wüste
Gobi. Leerstehende Geschäfte wechselten sich mit Ein-Euro-Shops
ab. Ich spähte durch die Butzenscheiben der wenigen verbliebenen
Spelunken und entdeckte im Inneren ein paar einsame Gäste,
die wortlos in ihr Bier starrten. Nach einer halben Stunde rettete
ich mich ins Hotel, die Stimmung in der Lobby erinnerte aber an
eine Aussegnungshalle. Schlagartig wurde mir klar, dass es die
Kleinstadt, in der ich aufgewachsen bin, nicht mehr gibt. Es ist
allenfalls eine Kulisse übrig geblieben. Das Beste, was man darin
machen kann, ist, einen Eifel-Krimi mit einem depressiven Kom-
missar zu drehen.

Veränderungen vollziehen sich oft über eine sehr lange Zeit.
Derjenige, der ständig mittendrin ist, bemerkt sie eher nicht, dem
sporadischen Besucher fällt es hingegen sofort auf. Ich fühle mich
ja auch, als hätte ich mich nicht verändert. Und dann gehst du zu
einem Klassentreffen und triffst stahlgraue „Best Ager". Meist der
superfitte Typus, der Rucksack, Tracking-Sandalen und eine Jacke

von Jack Wolfskin trägt. Und der im ICE nervt, weil er behauptet, du säßest auf seinem Platz, sich aber in der Wagennummer geirrt hat. Das Problem ist: Du bist einer von denen. Für mein inneres Gleichgewicht kann ich nur vorbringen, dass ich Rucksäcke und Sparfahrten mit dem ICE meide, was aber auch nicht wirklich hilft.

Es gibt ja dieses berühmte Beispiel mit dem Frosch, der in einem Topf sitzt, welcher allmählich erhitzt wird. Angeblich bleibt der Frosch sitzen, bis das Wasser kocht und stirbt den Heldentod. Das ist aber so nicht wahr. Ein Frosch ist nicht blöd. Der springt raus, wenn es zu heiß wird. Oder er versucht es zumindest.

Damit ist er zum Beispiel deutlich intelligenter und lebenspraktischer als der gemeine CDU/CSU-Abgeordnete. Der haust ja seit der Machtübernahme von Angela Merkel in einer politischen Kulisse, auf der zwar CDU/CSU steht, in der aber nix mehr drin ist. So wie in meiner Kleinstadt. Wer durch die Butzenscheiben starrt, entdeckt lediglich noch ein paar verstaubte umgefallene Stühle. Und, am Boden verstreut, Bierdeckel mit unbezahlten Rechnungen drauf. Ganz zu schweigen von der SPD-Kulisse. Die traue ich mich nicht bildlich darzustellen, weil sonst der „Paparazzi-Paragraph" 201a des Strafgesetzbuches greift: „Mit Freiheitsstrafe bis zu zwei Jahren oder mit Geldstrafe wird bestraft, wer eine Bildaufnahme, die die Hilflosigkeit einer anderen Person zur Schau stellt, unbefugt herstellt oder überträgt (...)."

Nun ist das Verschwinden von Parteien nicht unbedingt der Untergang des Abendlandes. Aber das ist ja leider nicht alles: Auch in Sachen Recht, Ordnung und Meinungsfreiheit kommen sich viele vor wie in einer Badewanne, in der die Temperatur allmählich ungemütlich wird. Aber bisher bleiben die meisten erstaunlicherweise sitzen und singen La Paloma: „Auf, Matrosen, ohé! Einmal muss es vorbei sein, einmal holt uns die See".

Wäre das, was die Herrschaften mit den Kapitänsmützen an politischem Missmanagement und gesellschaftlicher Bevormundung aufgetürmt haben, auf einmal gekommen, die Republik stünde Kopf. An schleichende Veränderungen hingegen gewöhnt man sich. Die Maßstäbe verschieben sich und werden außer Kraft gesetzt. Und dann kommt oft das, was sie in der Klimaforschung einen „Kipppunkt" nennen. Nicht-lineare-Systeme verhalten sich sehr lange brav, können aber auch schlagartig umkippen. Eine Rückkehr in den alten Zustand ist dann nicht mehr möglich, die Änderung also irreversibel. Darauf einen Schellnhuber.

Brummbrumm

Die Schlepper-Tour

Bevor sie sich von mir verabschieden, geben mir meine Autos immer noch eine Chance. Undankbare Kisten fliegen einfach auf der Autobahn in die Luft, hinterlassen viel Rauch und eine Ölspur. Und das war's dann. Nicht so mein Volvo 760. Der hängt an mir. Er stand vor der Tür, und vor dem Losfahren flüsterte mir eine innere Stimme mit Ikea-Akzent, ich möge doch einmal den Ölstand des Automatikgetriebes prüfen. Und tatsächlich: Der Ölstab zeigte null. Null Komma null. Ich goss einen Liter Automatik-Öl nach. Nix. Noch einen Liter. Nix. Noch einen Liter. Nix. Wo geht das Zeugs hin? Drei Oktoberfest-Maß und kein Harndrang. Gibt es das? Ich schaue unterm Getriebe nach. Da tropft nichts. Ja, will der mich verarschen? Und wie ich da so unterm Auto liege, zupft mich ein Nachbar am Hosenbein und weist mich auf das Geschehen oben unter der geöffneten Motorhaube hin. Dort brodelte ein mittlerer isländischer Geysir und spuckte ein Gemisch aus heißem Wasser und Automatik-Öl aus. Auf verschlungenen Wegen, die nur kompliziert erläutert werden können, gelangte das Getriebeöl in den Kühlwasserkreislauf. Grande Katastrophe, Motor schnell abstellen.

Anruf bei einem Freund, der in der niederbayrischen Pampa ein Volvo-Widerstandsnest unterhält. Dortselbst schaut ab und zu ein Wandergeselle vorbei, von Beruf Volvo-Mechaniker und mit allen Automatikwassern gewaschen. Solche Leute werden in Gold aufgewogen. Die Ferndiagnose ergibt: Wenn ich Glück habe, ist ein Eingriff möglich. Es folgt die Aufforderung: Bring das Ding vorbei. Aber wie? Fahren ist ja nicht. Ein Autotransporter musste her. So ein kleiner Abschlepper, wie ihn die Gelben Engel vom

ADAC benutzen. Tatsächlich machte ich einen Leih-Transporter ausfindig, nicht in Niederbayern, sondern am anderen Arsch der Welt, in Oberschwaben.

Bei Abgleich der maximalen Zuladung mit dem stattlichen Gewicht meines Volvo stellte ich eine gewisse Diskrepanz fest, beschloss aber, meine Brille verlegt zu haben. Wieso soll ich nicht auch mal meine Brille verlegen? Das kommt in den besten Kreisen vor. Wolfgang Schäuble verlegte seine Brille bei einer 100.000-Euro-Parteispende, Cem Özdemir bei der Verbuchung seiner Flugmeilen, beim BAMF in Bremen verlegte sogar die komplette Asylbehörde zwei Jahre lang die Brille. Im Übrigen ist der Artenschutz eindeutig das höhere Rechtsgut gegenüber der StVZO.

Der Auto-Vermieter war eines der letzten vollanalogen Unternehmen westlich des Urals. Vor einer Bauernscheune wartete ein „Peugeot-Boxer". Mietvertrag handschriftlich. Kurzes Racial Profiling. Ich krieg aber keinen Bonus, keine Ahnung, was die Alten weißen Männer vor mir mit dem Abschleppwagen angestellt haben. Daher bitte Kaution in bar. Nach fünf Minuten war ich on the road. Bei Avis oder Sixt hätte ich in der Zeit noch nicht mal die Nummer für die Warteschlange gezogen.

Zuhause konnte ich dann endlich mal eine richtig schöne Schau abziehen. Kreisende Warnlichter an, Auffahrrampen mit lautem Krawumm herunter, Seilwinde mit Abschlepphaken befestigen. Das alles mitten auf der Straße. Die Polizei, die gleich nebenan residiert, winkte mir kollegial zu. Dann dicht hintereinander mit hoher Geschwindigkeit und Tatütata zwei Streifenwagen Richtung Autobahn. Sah so aus, als seien sie unterwegs zum ZDF, um sich zu entschuldigen. In Zukunft werden sie das ZDF wieder brav vor der Meinungsfreiheit schützen. Oder umgekehrt? Man kommt ja ganz durcheinander. Ist aber auch egal.

Ich fühlte mich mit meinem Abschlepper jedenfalls endlich mal halbamtlich, oder zumindest wie jemand, der was Anständiges gelernt hat. Ich verzurrte den Volvo so sorgfältig, als sei es Jakob Augstein in seiner Gummizelle, und ging auf die Reise. Auf der A8 kam ich mir vor wie ein Gelber Engel und das ging nicht nur mir so. Es war heiß, außerdem Freitag und Urlaubszeit, und alle paar Kilometer standen Urlauber mit geöffneter Motorhaube oder geplatztem Reifen am Wegesrand.

Ein Seenotretter vor Lampedusa ist unter diesen Umständen deutlich schneller vor Ort als ein Gelber Engel auf der A8. Sobald die Schiffbrüchigen meiner gewahr wurden, winkten und gestikulierten sie wild in Erwartung ihres Retters. Aber, liebe Leute, ich bin doch nicht das „Bündniss Seebrücke". So ist das Leben. Man kann leider nicht jedem helfen. Außerdem helfe ich mir gerade selbst, seht ihr doch. Ich ließ enttäusche Gesichter zurück. Sie erinnerten mich ein wenig an Schiffbrüchige auf einer einsamen Insel, die über sich ein Flugzeug erspähen, aber nicht schnell genug ein Signalfeuer anzünden können.

Beim Abschlepperfahren kommt man auf die tollsten Ideen, zumindest ging es mir so. Ich fand jedenfalls, dass die Migrations-Autobahnen dringend vom ADAC betreut werden sollten. Da müssen endlich Profis ran. Die Sache ist doch ganz einfach: Man erwirbt in Dakar oder Lagos eine Plus-Mitgliedschaft für 84 Euro inklusive Auslandskrankenversicherung und macht sich unbesorgt auf den Weg. Da kann kein lokaler Schlepper mithalten. Bleibt der Schrottkahn auf hoher See liegen, schickt der ADAC ein hübsches gelbes Schlauchboot und macht die Fuhre wieder flott. Ist das nicht möglich, gibt es eine Übernachtung in einem ordentlichen Strandhotel. Dauert die Reparatur zu lange, stellt der Gelbe Engel einen Leihwagen zur Weiterreise nach Dortmund oder Berlin. Alleine in Afrika warten 1,2 Milliarden potenzielle Neumitglieder auf einen ordentlichen ADAC-Service. Was gibts da noch zu überlegen?

Nach zwei Stunden Fahrt näherte ich mich der Halle meines Freundes. Sie liegt einsam in einem von der Hitze ausgedörrten

Tal, nix als Felder und ein paar Kühe am Horizont. Mein Freund lebt dort gemeinsam mit seinen alten Volvos, es sind ausgesprochen zuverlässige Bezugspersonen. Böse Geister und Ahnungslose wie Svenja Schulze werden hier mit vorgehaltenem Kruzifix verscheucht. Volvo-Bürger sind die Elche unter den Wutbürgern, bitte halber Tacho in Metern Abstand.

Es war tatsächlich 12 Uhr mittags, und ich fühlte mich leicht an Fort Laramie erinnert: Um die Halle herum ist eine veritable Wagenburg aus Schwedenstahl in verschiedenen Verfallsstufen aufgebaut. Ich werde meinem Freund zum nächsten Geburtstag ein Warnschild schenken: „Achtung, Sie verlassen jetzt den Einflussbereich der Deutschen Umwelthilfe." Wir erwägen die Gründung der freien Republik Volvostan, in der nur alte Schweden Asyl bekommen. Für einen Leopard II der Bundeswehr würden wir eine Ausnahme machen, er muss ja nicht fahren, nur schießen.

Sondermodell Gauland

Die Frage, ob man von einem unserer führenden Politiker einen Gebrauchtwagen kaufen würde, ist im Angesicht der Wahlbeteiligung beantwortet. Autokauf ist Vertrauenssache, und da scheint mir der Ruf der Polit-Branche irgendwie ruiniert zu sein. Volkswagen liegt deutlich vor Volkspartei, Diesel hin, Diesel her. Im übertragenen Sinne steht sich das Angebot der Volksparteien auf einer Halde die Reifen platt. Die Verschrottung ist nur noch eine Frage der Zeit.

Dabei sind prominente Vorbesitzer dem Wiederverkaufswert eines Vehikels eigentlich zuträglich. So brachte der sogenannte „Papst"-Golf von Benedikt XVI bei einer Ebay-Versteigerung immerhin 188.938,88 Euro. Ich folgere daraus, dass Benedikt einen Führerschein besitzt und sich zumindest zeitweise auch mal hinter das Steuer eines normalen Autos setzte. Das spricht für ihn.

Unsere Politgrößen nehmen ja eher im Fond eines Dienstwagens Platz. Die Aussicht ist dort erheblich eingeschränkt. Nach vorn reicht sie lediglich bis zur Kopfstütze des Chauffeurs. Zum Glück ist in die Kopfstütze meist ein Fernseh-Bildschirm eingebaut. Das erweitert den Horizont zumindest bis in die Intendantenrunde von ARD und ZDF. Die liefern im Prinzip alles, was ein Staatslenker für die Übersicht braucht.

Nun wollen ja alle ein bisschen mehr Populismus wagen. Für den Anfang empfehle ich den Beteiligten, mal wieder aktiv am Straßenverkehr teilzunehmen. Dort ist man dem richtigen Leben ziemlich nah. Alles, was der lernwillige Politiker dafür braucht, ist ein eigenes Auto, einen Führerschein und eine rudimentäre Kenntnis der Straßenverkehrsordnung (StVO).

Für den Anfang genügen die Grundregeln: „1. Die Teilnahme am Straßenverkehr erfordert ständige Vorsicht und gegenseitige Rücksicht. 2. Jeder Verkehrsteilnehmer hat sich so zu verhalten, dass kein anderer geschädigt, gefährdet oder mehr, als nach den Umständen unvermeidbar, behindert oder belästigt wird." Das ist doch schon mal was (man könnte übrigens auch darüber nachdenken, dass neue Gesetze den Grundregeln der Straßenverkehrsordnung entsprechen müssen). Aber das nur nebenbei.

Nun zur Fahrerlaubnis. Ich gehe mal davon aus, dass die meisten Politiker tatsächlich einen Führerschein haben. Wenn nicht, wäre der Besuch einer Fahrschule sicherlich hilfreich. Man lernt dort beispielsweise, Stoppschilder und durchgezogene Linien zu beachten. Weiterhin wird einem beigebracht: Wer sich nicht an die Regeln hält, kriegt Minuspunkte und darf irgendwann nicht mehr ans Steuer. (Dabei kommt mir ein revolutionärer Gedanke: Möglicherweise lässt sich dieses Punkte-System ja von der Führung von Kraftfahrzeugen auf die Führung von Staaten übertragen. Schön wäre auch ein Sehtest für Bundeskanzler, der spätestens nach zwei Legislaturperioden fällig ist.) Aber auch das nur nebenbei.

Zurück zum politischen Verkehrsübungsplatz. Alles, was jetzt noch fehlt, ist also ein Privatauto, das in vielen Fällen nicht vorhanden sein dürfte. Deshalb hier eine kleine Kaufberatung, individuell abgestimmt auf bekannte Persönlichkeiten des politischen Show-Business.

Angela Merkel: Für die Bundeskanzlerin ist ein gebrauchter Golf 2 genau richtig. Er ist so unprätentiös wie ihre Hosenanzüge. Er wurde bis 1992 gebaut und gilt als ein Musterbeispiel an Robustheit. Das Ding kann man praktisch nicht kaputt kriegen. Er lässt sich relativ leicht reparieren und kann sogar lange Zeit ohne Pflege und Wartung gefahren werden. Auf Verschleiß gewissermaßen. Irgendwann sind natürlich teure Reparaturen fällig, dann muss man ihn abstoßen. Den Ärger hat dann der Nachfolger. Dieser Zeitpunkt kündigt sich durch ungute Geräusche im Getriebe an. Ähnlichkeiten mit der Bundesrepublik sind nicht zufällig.

Peter Altmaier: Der bekommt kein eigenes Auto, sondern darf auf dem Dachgepäckträger von Angela Merkels Golf 2 mitfahren. Martin Schulz: Für den Mann aus Würselen scheint mir ein Ford-Transit der vierten Generation das ideale Fahrzeug zu sein. Sehr praktisch beispielsweise für Umzüge. Etwa aus der SPD-Parteizentrale in die Friedrich-Ebert-Stiftung. Ich empfehle den kleinsten Motor mit zwei Litern, Downsizing ist in der SPD ja das Gebot der Stunde. Außerdem ist dieser Fahrzeugtyp in Anatolien sehr beliebt. Parteikollegin Aydan Özoğuz kann ihn dort später entsorgen.

Alexander Gauland: Der Mann braucht einen Jagdwagen. Da bietet sich der paramilitärische VW 181 an, der bis 1980 gebaut wurde und in dem es sich stilsicher der Wehrmacht gedenken lässt. Den Beifahrersitz bitte ausbauen, weil ja niemand neben ihm sitzen will („Sondermodell Gauland"). Sein Parteikollege Björn Höcke sollte unbedingt auch einen VW 181 anschaffen, allerdings mit deutlich sichtbaren Beulen und tiefen Kratzern im Blech („Sondermodell Leni Riefenstahl").

Christian Lindner: Tesla. Der fährt rückwärts genauso schnell wie vorwärts, man muss nur den Elektromotor umpolen. Große Versprechung mit begrenzter Reichweite. Die Akkus des Tesla laden aber immerhin schneller auf als die der FDP, beim letzten Mal brauchte sie vier Jahre. Auf Jamaika wird's mit dem Tesla allerdings schwierig, es gibt keine Ladestation.

Katrin Göring-Eckardt und Cem Özdemir: Segway mit Fahrradhelm.

Sahra Wagenknecht: Porsche 911 in Schwarz. Passt zum gebunkerten Vermögen der ehemaligen SED. Und zu roten Kostümen.

Trau dich, anders zu sein

In der Tageszeitung *Die Welt* vom 15. Februar 1978 erschien folgende Kleinanzeige: „Chauffeur, Absolvent der Rolls-Royce Chauffeur-Schule London, sucht passende Stelle." Das war ich.

Die Stellenanzeige war zwischen einem Agraringenieur und einem Vertriebsleiter platziert und kostete 109 Mark und 76 Pfennige (damals haben die mit Kleinanzeigen noch richtig Geld verdient). Für eine Reportage hatte ich tatsächlich die Rolls-Royce Chauffeurs-School besucht und wollte einmal ausprobieren, was man mit dieser Ausbildung anfangen kann. Es meldete sich aber nur ein Interessent, ein erfolgreicher Fleischermeister aus Frankfurt. Der suchte jemanden, der seine Viecher bei den Bauern im Anhänger abholt. Zugfahrzeug: ein Mercedes 450 SE. Da man damals noch nicht mit ethisch-moralischen Argumenten kommen konnte, verschaffte mir der Mercedes eine plausible Ausrede. Ich antwortete höflich aber bestimmt, so wie ich es bei Rolls-Royce gelernt hatte: „Tut mir leid, aber mit Fahrzeugen der unteren Hubraumklassen habe ich leider überhaupt keine Erfahrung."

Seit jenen frühen Fahrschuljahren fühle ich mich den Briten irgendwie verbunden. Außerdem gefällt mir ein auf der Insel verbreitetes Motto: „Dare to be different" – „Trau dich, anders zu sein." Die Deutschen werden von den Briten inzwischen mit Milde betrachtet. Das liegt im Wesentlichen an zwei Dingen: Erstens können sie die Franzosen noch weniger leiden. Und zweitens sind sie froh, dass Angela Merkel Deutschland regiert und nicht Großbritannien. Im Vergleich zu Merkel halten sie Theresa May für ein vergleichsweise geringes Sicherheitsrisiko. Und zwischen May und Merkel liegt zum Glück der Ärmelkanal.

Seit meine gehobene Fahrer-Ausbildung sich herumgesprochen hat, gelte ich bei meinen Freunden und Bekannten als Rolls-Royce-Spezialist (so leicht wird man zum Experten). In letzter Zeit werde ich in dieser Eigenschaft öfter mal zu Rate gezogen. Das hat zwei Gründe. Da wäre zunächst einmal ein gewisser Fatalismus, der sich in Sätzen wie diesem manifestiert: „Bevor die Kohle nix mehr wert ist, werfe ich sie lieber zum Fenster raus." Und: „Wer weiß, wie lange der Spaß noch erlaubt ist." Da trifft es sich gut, dass gebrauchte Rolls-Royces ein echtes Schnäppchen sind. Ein Silver Spirit kostete in den 90er-Jahren sagenhafte 390.000 Mark, also rund 200.000 Euro, und ist inzwischen in gut erhaltenem Zustand zwischen 20.000 und 30.000 Euro zu haben.

Trotzdem traut sich keiner so richtig an den Speck ran, weil das Umherfahren in einem Rolls-Royce in Zeiten von Tafel- und Klima-Diskussionen als ein wenig degoutant gilt. Ein Rolls-Royce war in Deutschland aber schon immer ein politisches Statement. Und zwar kein korrektes. Und das ist immer noch so. Er ist so etwas wie ein fahrender Brexit. Die Leute sind schon beleidigt, wenn sie ihn nur sehen. Wer sich den Spaß verkneift und sich für 20.000 Euro an einem Windrad-Fonds beteiligt und erfolgreich die Vogelwelt schreddert, hat ein wesentlich höheres Sozialprestige und gilt obendrein als ökologischer Vorreiter.

Allerdings kann man mit so einem Windrad nicht umherfahren, zumindest noch nicht. Meint zumindest mein Freund Heinz, der schon länger einen Rolls-Royce suchte. Heinz ist eigentlich ein ganz braver Bürger, er wohnt in einem Reihenhaus und hat noch nie über die Stränge geschlagen. Seit einiger Zeit beobachte ich an ihm aber eine Radikalisierung. Beim Tag der offenen Tür in der evangelischen Kirchengemeinde ist er im Sommer mit einem T-Shirt aufgetaucht, auf dem stand: „Aus Freude am Tanken."

Im Herbst hat er den Worten dann Taten folgen lassen. Er plünderte sein Sparbuch und kaufte bei einem Händler in München einen Rolls-Royce Silver Spur III. Der hatte laut Unterlagen im Jahre 1995 immerhin 385.822 Mark gekostet, Heinz musste aber nur noch knapp 25.000 Euro berappen.

Wir haben dann zusammen einen Tagesausflug gemacht. Bevor es losging, wollte ich aber doch wissen: Wo sind die 385.822 Mark bloß geblieben? Gewissenhaft wie ich bin, habe ich unter der Haube nachgesehen, im Handschuhfach gestöbert, ja sogar die Teppiche angehoben, aber ohne Erfolg: Der Zaster tauchte nicht mehr auf.

Als ich so kopfüber im Auto steckte, habe ich dann noch spaßeshalber die Zahl der Innenraum-Leuchten gezählt: Es sind 16 verschiedene Lampen. Sobald Heinz das Türschloss bedient, werden automatisch alle eingeschaltet, und das Auto erstrahlt wie der Buckingham-Palast bei einer Party der Queen. „Ein echtes Elektroauto" sage ich zu Heinz. Er hat dann ganz schnell den Motor gestartet, wer weiß, wie lange die Batterie das sonst durchhält.

Als Erstes sind wir zur nächsten Lidl-Filiale gefahren, um zur Feier des Tages Becks Dosenbier zu kaufen. Es macht ungeheuren Spaß, dem Ampel-Nachbarn aus einem Rolls-Royce mit einer Dose Bier zuzuprosten. Die Reaktionen sind, sagen wir mal: gemischt. Dabei kostet eine Dose Bier bei Lidl noch nicht einmal einen Euro. „Dein Rolls entspricht dem Gegenwert von 25 000 Dosen Bier", sage ich zu Heinz. Der fragt zurück: „Wie weit kommen wir damit?" „Zehn Jahre", antworte ich, „jeder drei Dosen pro Tag." Heinz: „Sechs Dosen pro Tag für fünf Jahre, wer weiß, was danach ist."

Ich streiche vorsichtig über das Armaturenbrett. Es ist wirklich noch ein Brett im ursprünglichen Sinn des Wortes. Aus poliertem Nussbaum. „Die rechte und die linke Hälfte sind spiegelbildlich gemasert", erklärt mir Heinz. Wie er das sagt, klingt es wie eine politische Analyse. Heinz war bislang immer unpolitisch, er wird mir allmählich unheimlich.

Ich habe mein kleines „Chauffeur's Handbook" (26 Seiten), das ich 1978 zum Abschluss der Chauffeur-Schule erhielt, mitgebracht. Dort findet der Fahrer alles, was er wirklich wissen muss. Ganz im Stile englischer Short-Stories, ist das Handbuch kurzweilig und spannend geschrieben. Ich kläre meinen Kumpel zunächst einmal über seine Pflichten auf und zitiere die Vorschriften für den Umgang mit gekrönten Häuptern: „Nehmen Sie sofort die Mütze ab, wenn die königliche Person erscheint. Belassen Sie es dabei, bis Sie den Motor starten. Nehmen Sie auch die Mütze sofort wieder ab, sobald Sie irgendwo anhalten. Verlassen Sie Ihren Fahrersitz nicht, um die Tür zu öffnen. Das ist Aufgabe des Personals."

Sehr gut gefallen hat mir auch das Kapitel „Explosive Devices". Eine hübsche kleine Checkliste erklärt, wo der Klassenfeind oder der Terrorist die Autobombe zu verstecken pflegt, bevorzugt oben auf dem Auspufftopf. „Fahrer konventioneller Automobile mögen von Unfällen ereilt werden, Rolls-Royce-Fahrer haben große Schicksale", versichere ich meinem Freund und öffne mit einem Zischen die zweite Dose Becks: „Wenigstens die letzte Reise sollte man mit Stil antreten."

„Von einem Terroristen oder Mafia-Paten in die Luft gejagt zu werden, macht mehr her als ein schlichter Unfall", meint Heinz. „Und gibt eine gute Presse", ergänze ich. „Es gibt keine gute Presse", antwortet Heinz. Dann fügt er hinzu: „Wird sowieso nicht passieren, die verbieten stattdessen solche Kisten, und wir kriegen einen Herzinfarkt."

Heinz versucht während der Fahrt, die Leerlaufdrehzahl möglichst wenig zu überschreiten. Am Verbrauch ändert dies allerdings nichts. „Der Rolls säuft immer, auch ohne Grund", sagt Heinz. Ich seufze: „Genau wie wir." In der Stadt sind 20 bis 25 Liter kein Ding. Dafür sitzt man aber auch in einem alten englischen Stilmöbel. Allein die Sitzgarnitur würde im Möbelhaus ein kleines Vermögen kosten. Dennoch besitzen die Deutschen erheblich mehr teure Designer-Couches als Rolls-Royces, was ich nun überhaupt nicht nachvollziehen kann.

Um die gepflegte Atmosphäre nicht zu trüben, vermeidet Heinz instinktiv jedes ruckartige Manöver. Auch in Kurven hält

er sich stark zurück: Die maximal angemessene Querbeschleu-
nigung im Rolls entspricht in etwa der einer Gepäckschleife auf
dem Frankfurter Flughafen.

Der Rolls-Royce erzieht zum defensiven Fahren, auch eher
impulsive Persönlichkeiten verwandeln sich hinterm Steuer in
rücksichtsvolle Gentlemen. Das Stigma des Reichtums und die
Angst, mit einem rücksichtslosen Ausbeuter verwechselt zu werden, lassen uns lammfromm werden.

Heinz fährt penetrant gütig durch die Gegend. Selbst eine
Omi, die die Fahrbahn gar nicht überqueren wollte, wird von ihm
durch demonstratives Anhalten über die Straße genötigt. Durch die
handpolierten Stäbe des Kühlergrills schimmern derweil die Reiß-
zähne des Kapitalismus (obwohl auch Lenin zwei Rolls-Royces besaß). Wir sollten also nicht zur weiteren Polarisierung der Gesellschaft beitragen. „Wir müssen Vorbild sein", sage ich zu Heinz.
Und der versichert: „Wir schaffen das."

Einer raucht immer

Ich habe in den siebziger Jahren eine Zeit lang in Stuttgart gelebt, jene Stadt mit der offenbar gefährlichsten Luft in Deutschland. Damals war die Luft sogar noch gefährlicher als heute. In Untertürkheim beim „Daimler" purzelten absolut partikelfilterfreie Mercedes-Diesel-Limousinen vom Band, so temperamentvoll und feinstaubend wie ein Mähdrescher und in Geruch und Abgang einer Gauloise verwandt. Der Rauch der damals beliebten filterlosen französischen Zigarette wurde durch das Maispapier, mit dem die Zigaretten gedreht waren, noch einmal verstärkt. Meine damalige Stammkneipe, ein Spanier, war nicht weit vom berüchtigten Neckartor gelegen und verfügte über eine Terrasse in unmittelbarer Nähe einer vierspurigen Durchgangsstraße. Stinkende Gauloises und vorbeinagelnde Mähdrescher prägten die olfaktorische und akustische Kulisse. Wem das noch nicht gefährlich genug war, der orderte aus der Küche ein paar verbrannte Tintenfischringe. Nach heutigen Maßstäben hätten wir sofort vom Barhocker fallen müssen, was mitunter auch geschah, aber aus anderen Gründen und meist erst nach 24 Uhr.

Neulich, auf einem Oldtimertreffen, drang der Geruch eines alten Strich-Acht-Mercedes-Diesel an meine Nasenschleimhäute, und ich fühlte mich sofort 30 Jahre jünger. Ein kleines medizinisches Wunder, das sich aber wissenschaftlich begründen lässt. Hanns Hatt, Professor für Zell-Biologie an der Universität Bochum und der deutsche „Geruchspapst" schlechthin, sagt: „Lange war das Riechen durch Wissenschaftler und Philosophen als animalischer, triebhafter Sinn und als chemische Informationsquelle ohne Geist vernachlässigt worden." Doch das habe sich inzwischen geändert: „Tatsächlich können Düfte uns stimulieren oder entspannen, erfrischen und freudig erregen oder auch manipulieren, vor allem aber sind Düfte Glücksboten."

Ich roch also diesen alten Daimler, und sofort stieg das Glück in mir auf. Ich schmeckte verbrannte Tintenfischringe, spanischen Rotwein aus der Dreiliterflasche, qualmende Gauloises und das billige Heizöl, mit dem wir unseren Diesel des Nachts in der Garage befüllten. Aber der Fortschritt ist unaufhaltsam, in Stuttgart rücken die Fahrverbote näher, und die grünen Träume von unbefleckter ökologischer Reinheit werden endlich wahr. Und neue Zeiten werden von neuen Geruchserlebnissen begleitet.

Stuttgarts junge Leute von heute dürften sich dann in 30 Jahren begeistert an ihre Jugend erinnern, wenn der Geruch eines alten Fahrradsattels ihr Gemüt betört. Drei Kilometer Neue Weinsteige bergauf mit dem Lastenfahrrad, das ergibt einen unvergleichlichen Hautgout. Für die Nicht-Franzosen dazu ein bisschen sprachliche Nachhilfe bei Wikipedia: „Als Hautgout bezeichnet man in der Küchensprache den süßlichen, strengen und intensiven Geruch und Geschmack von überlang oder zu warm abgehangenem Wild oder auch anderen Fleischarten wie Rind- oder Lamm- und Hammelfleisch."

Soviel zum Glücksgefühl für das späte 21. Jahrhundert in der Hometown of the Juchtenkäfer.

Doch nun droht diesem stillen Glück ein furchtbares Ungemach. Nachdem teilweise imaginierte Juchtenkäfer den Bau des Stuttgarter Hauptbahnhofs erfolgreich blockierten, erweisen sich nun auch die Stuttgarter Feinstaubwerte als flüchtig. „Die zuständige Landesanstalt hat Feinstaub-Messergebnisse am Stuttgarter Neckartor zurückgenommen. Verstärkter Pollenflug könnte zu verfälschten Ergebnissen geführt haben", berichtet der SWR. Womöglich müssten Werte nach unten korrigiert werden. „Die Intensität des Pollenflugs hat uns alle überrascht", erklärte der Stuttgarter Stadtklimatologe Rainer Kapp. Die Stuttgarter Luft könnte also auf wundersame Weise genesen, wobei sich natürlich ein paar delikate neue Fragen ergeben.

Zum Beispiel: Kann denn Pollenflug böse sein? Als Diesel unter den Bäumen tat sich in diesem Jahr mengenmäßig die Fichte hervor, die Birke zeichnete sich hingegen durch besonders gesundheitsgefährdende Umtriebe aus. Ein Aufenthalt in blühender Vegetation oder gar in den eigenen vier Wänden ist jedenfalls eine verdammt riskante Angelegenheit: Etwa jeder fünfte Deutsche hat zumindest zeitweise mit Heuschnupfen zu kämpfen – Tendenz seit Jahren steigend. Die Online-Zeitung *Navigator-Medizin* schreibt: „Wobei hier auch der allergische Schnupfen mit hinzugerechnet wird, der nicht auf Pollen, sondern zum Beispiel auf eine Hausstauballergie zurückzuführen ist." Der bekannte ökologische Visionär Ronald Reagan stellte bereits 1980 fest: „Bäume verursachen mehr Luftverschmutzung als Autos." Das kam damals ungefähr so gut an wie heute ein Trump-Tweet zum Klima („Vielleicht könnten wir ein bisschen von dieser guten alten Erderwärmung gebrauchen.").

Was tun? Der gefährlichen Pollenflug-Problematik könnte Stuttgart wirksam durch ein Allgemeines Baumfäll-Gebot begegnen, wobei allerdings der geschützte Juchtenkäfer im Wege steht, der diese Bäume besetzt hat. Schwierige Lage, vielleicht könnte man die Juchtenkäfer in einer feuchten Bodenmatte von Diesel-Fahrzeugen ansiedeln, einem Habitat, sehr ähnlich dem zwischen Baum und Borke. Dann könnten die Diesel nicht mehr abgesägt werden und die Juchtenkäfer kämen schneller zur Arbeit.

Das Auto ist ja bekanntermaßen ein Hort des Artenschutzes. Bei einer Bestandsaufnahme in Frankfurt stellte sich jedenfalls einmal ein Gebrauchtwagenmarkt an der Borsigallee als wertvollstes Insektenbiotop der Mainmetropole heraus. Den zweiten Platz verdient, da bin ich mir ganz sicher, die Küche meiner spanischen Stammkneipe am Stuttgarter Neckartor.

Rache an VW & Co

Für die deutsche Autoindustrie muss man sich ja derzeit ein wenig fremdschämen. Jutta Ditfurth bei Maischberger regt mich erheblich weniger auf als Dieter Zetsche beim Verkünden der Compliance-Regeln. Damit jetzt niemand glaubt, ich hätte was gegen Mercedes, habe ich mir zur Abwechslung die diesbezügliche Ansage von Volkswagen rausgesucht. Zitat:

„Volkswagen hat einen ganzheitlichen, integrativen Ansatz gewählt, der das Risikomanagementsystem, das Interne Kontrollsystem und das Compliance-Managementsystem in einem Managementansatz (Governance, Risk & Compliance-Ansatz) vereint. Auf Dauer erfolgreich kann ein Unternehmen nur sein, wenn es sich integer verhält, Recht und Gesetz weltweit einhält und zu seinen freiwilligen Selbstverpflichtungen und ethischen Grundsätzen auch dann steht, wenn es unbequem ist."

Eines muss man den Herren in Wolfsburg, Stuttgart und Ingolstadt lassen: Sinn für Humor haben sie. Das ist ja prinzipiell auch gut so. Aber verarschen lasse ich mich nicht. Und deshalb hab ich mal in meine eigenen Compliance-Regeln geschaut und beschlossen, die Herrschaften so richtig abzustrafen. Eine Domina im Sado-Maso-Club von Sindelfingen könnte es ihnen auch nicht besser besorgen. Mein persönlicher Governance, Risk & Compliance-Ansatz zwingt mich zu einer außergewöhnlichen Maßnahme. Und die lautet: Ich kauf mir jetzt einen gebrauchten Renault.

Und zwar einen „Vel Satis", so heißt die schrägste große Limousine, die den Franzosen in den letzten Jahrzehnten eingefallen ist – und den Franzosen ist viel Schräges eingefallen. Mehr als 1.000 Euro kostet der Spaß heute nicht mehr. Und wenn das Teil nicht mehr will oder eine Reparatur ansteht, kauft man sich einfach einen neuen. Ist billiger als ne große Inspektion beim

Daimler. Preiswerter kann man seine deutsche Nobelmarken fahrenden Nachbarn nicht zur Weißglut bringen. Dieses Kartell soll leiden!

Aber zurück zum Vel Satis: Ausgehend von der Überlegung, dass der Mensch ein aufrechtes und kein liegendes Geschöpf ist, kombinierten die Franzosen Erbteile eines London-Taxis mit denen eines Thalys-Superschnellzuges. Sie verschnitten das Ganze mit Elementen des spacigen Renault Avantime und des historischen Renault 40 CV aus den zwanziger Jahren. Ferner kreuzten sie eine Wohnlandschaft von ligne roset ein. Die Chancen, dass dabei ein konventionelles Auto herauskommen könnte, standen von Anfang an bei Null. Das Auto war bis zum Jahr 2009 im Programm, und steht sich heute bei Gebrauchwagenhändlern die Reifen platt, weil es vom teutonischen Geschmack deutlich weiter entfernt ist als The Rocky Horror Show.

Ich habe schon eine Probefahrt gemacht – und kann nur von schönen Erlebnissen berichten. So platzierte ich den Vel Satis auf dem Parkplatz neben die E-Klasse meines Nachbarn und verdunkelte mit seinem Schatten den Glanz des Mercedes. Beinahe so wie jenes gewaltige Ufo, das in „Independence Day" die Sonne über Washington verfinstert. Mein Nachbar schien sich beim Einsteigen an den Gedanken zu klammern, dass es sich bei dem Gegenstand zu seiner Linken nur um eine Halluzination handeln könne. Er schaute einfach nicht mehr hin. Doch das Ding wollte sich einfach nicht in Luft auflösen. Also aktivierte er Plan B und legte einen fulminanten Kavalierstart hin, auf dass dieses unheimliche Wesen schnell aus seinem Gesichtsfeld verschwinde. Später versicherte er mir, die Styling-Abteilung von Audi, BMW oder Mercedes hätten einen solchen Entwurf allenfalls unter Einfluss der Designerdroge Ecstasy gefertigt. Ich erwiderte daraufhin, dass mich seine überladene E-Klasse an ein rollendes Bernsteinzimmer erinnere – bedauerlicherweise aber nicht verschollen sei.

Der Renault Vel Satis befördert solcherart die Komik des All-tags und mich überkommt große Heiterkeit. Meine aufreizend gute Laune führt bei Menschen, die viel Geld für ein schönes, aber bedauerlicherweise flaches deutsches Auto ausgegeben haben, zu energischer Revierverteidigung. Der gebührende Abstand wird per Kickdown wieder hergestellt – zumindest bis zur nächsten Ampel. Man sollte es mit dem zufriedenen Grinsen aber nicht übertreiben. Scheinbar grundlose Heiterkeit gilt bei Polizisten als Indiz für Cannabis am Steuer. Und der Kauf eines Vel Satis ebenfalls. Das avantgardistische Fach ist im Automobilbau ja schon seit Längerem unterbesetzt, in der Oberklasse sowieso. Dereinst war zumindest auf die Anarchisten von Citroen noch Verlass. Doch sie wurden in den vorgezogenen Ruhestand geschickt oder suchten angesichts heutiger Citroens den Freitod, indem sie sich vom Dache einer göttlichen DS in die Seine stürzten.

Der Vel Satis war augenscheinlich nur möglich, weil bei Renault niemand fragte, was „man" oder die anderen unterneh-men. Die Bezeichnung Vel Satis ist ein Fantasieprodukt. Wer ein lateinisches Wörterbuch und etwas Kombinationsgabe zu Hilfe nimmt, kann die Silben aber auch als „sich selbst genug" deuten. Das kommt dem französischen Nationalcharakter entgegen, der es anderen überlässt, gefällig zu sein. Statt Vel Satis hätten sie dieses Auto auch Vel Saterix nennen können, um seinen wider-ständischen gallischen Geist zu unterstreichen. Außerdem passt durch die hintere Heckklappe ein ausgewachsenes Wildschwein.

In mancher Perspektive hat der Vel Satis mit seinen Kiemen in der Haube gar eine urzeitlich animalische Ausstrahlung (Vel Saurus käme daher als Name auch nicht schlecht). Sogar Ironie muss den Designern gestattet gewesen sein. Ich habe beispiels-weise lange überlegt, woran mich dieses runde, kurze Stummel-heck mit den riesigen Rückleuchten erinnert. Und plötzlich fiel es mir wie Schuppen von den Augen: an die elektrischen Autoscooter vom Jahrmarkt! Denken Sie sich eine Stange mit Stromabnehmer auf den Kofferraumdeckel des Vel Satis und Sie wissen, was ich meine. Ich werde einen Laubrechen installieren, der bis zur Oberleitung der Augsburger Straßenbahn hochreicht. Und dann habe ich ein Elektroauto und stecke diese ganzen Fortschrittsverweigerer in den Sack.

Der Fahrersitz befriedigt auch den anspruchsvollsten Spieltrieb. Mit seinen tausend elektrischen Verstellmöglichkeiten würde er sogar jeder gehobenen Zahnarztpraxis zur Ehre gereichen. Ich hab mir beim ersten Test ständig vorgestellt, dass ein Becher aus der Mittelkonsole fährt und die freundliche Stimme des Navigationsgerätes sagt: „Sie dürfen jetzt ausspülen." Statt dessen sagt sie aber: „Willkommen an Bord, die Kontrollsysteme sind eingeschaltet." Für einen Franzosen spricht der Vel Satis überhaupt ziemlich gut deutsch. Er kann aber nicht nur sprechen, sondern auch Piepen, Läuten, Blinken, Hupen. Alles sehr dezent und vornehm, allerdings nicht immer zur rechten Zeit. Und das Tollste: Sogar jammern kann er! Wenn man beim Rangieren zu dicht an ein Hindernis herankommt, erschallt ein klagender Dauerton. Das erinnerte mich spontan an meine Frau bei der Lektüre unseres letzten Steuerbescheides, sie besitzt allerdings keine Stummtaste.

Gestartet wird der Vel Satis mit einem großen roten Knopf. Als Antrieb hatte ich deshalb eigentlich ein hübsches kleines Atomkraftwerk erwartet. Statt zur Inspektion würde ich dann einmal im Jahr zur Wiederaufbereitungsanlage nach La Hague fahren, die Brennstäbe erneuern. Aber das hat sich Renault nun doch nicht getraut. Kann aber noch kommen. Für Elektroautos, die in Frankreich eine Steckdose aufsuchen, trifft der Slogan „Powered by Uranium" ja heute schon zu.

Fahren mit Fahne

Gestern morgen bin ich, wie immer am Samstag, zum Wertstoff-hof gefahren. Da treffen sich die Restbestände des deutschen Bürgertums. Die zeichnen sich, nach meiner Erfahrung, in erster Linie durch den unbedingten Willen zum Recycling aus. Brav und diszipliniert werden Kartons und Dosen, Alt-Möbel und Kunst-stoffreste in dafür bestimmte Container verfrachtet. Die Getrennt-Sammlung ist gewissermaßen der Ort, an dem die vorherrschen-de Ordnung noch nicht außer Kraft gesetzt wurde. So eine Art Hobbitland für das nostalgische Gemüt. Wem der politische Müll über den Kopf wächst, der findet hier private Kompensation.

Deshalb ein kleiner Tipp: Wenn der geschätzte Leser Besuch aus einem fernen Land erwartet und den Fremden einen Ein-druck vom guten alten Deutschland vermitteln will, empfehle ich zwei Stationen in Bayern. Erstens: Schloss Neuschwanstein in 87645 Schwangau. Zweitens: Wertstoffhof in 86391 Leitershofen, Koordinaten 48°20'58.8"N 10°51'18.6"E, Samstag 09:00 bis 15:00, Eintritt frei, keine Anmeldung erforderlich.

Nehmen Sie für den Weg zwischen den beiden Kulturschätzen am besten kleine Landstraßen und durchqueren Sie ein paar Dörfer in Oberschwaben. Dort kann man am Samstagnachmittag noch Menschen beobachten, die die Straße vorm Haus fegen. Wir müssen uns Sisyphos als einen glücklichen Menschen vorstellen.

Nicht weit vom Wertstoffhof ist eine Autowaschanlage. Und da war im Juli 2018 echt was los. Die Autos wurden weltmeister-schaftsfein gemacht. Erst gründlich gewaschen und gesaugt und dann mit schwarz-rot-goldenen Accessoires aufgebrezelt. Laut einer Umfrage findet mehr als die Hälfte der Befragten eine Deutsch-land-Fahne an Autos gut. Wenn Deutschland wieder Weltmeister wird, wollen 22 Prozent der deutschen Autofahrer bei einem Auto-korso mitmachen. Diesel-Fahrern empfehle ich, den Autokorso anschließend nach Radolfzell am Bodensee umzuleiten, da sitzt die Deutsche Umwelthilfe. Hübsch fände ich auch einen fahnengeschmückten Ausflug vors Kanzleramt. Aber zurück zur Autowaschanlage. Eine junge Frau am Supersauger neben mir packte ein „8-teiliges Mega-Fanset" aus. Ich zitiere hier der Vollständigkeit halber mal die mehrdeutig subversive Beschreibung:

„Mit wehenden Fahnen voran: Stecken Sie die Flaggen ganz einfach per Klemm-Befestigung zwischen Rahmen und Seitenscheiben. Schon flattern die Deutschland-Fähnchen beim nächsten Autokorso elegant im Wind! Hüllen Sie auch Ihre Seitenspiegel in Deutschland-Montur: Per feststellbarem Gummizug befestigen Sie die elastischen Überzieher ganz einfach an Ihren Außenspiegeln. Und Ihre Kopfstützen schmücken Sie ebenfalls mit unseren drei Landesfarben. Per Gummizug, Cliphalterung & Klettverschluss befestigen Sie sie ganz einfach. So zeigen Sie, für welches Team Ihr Herz schlägt! Als krönenden Abschluss: Haften Sie die magnetische Deutschland-Flagge z.B. auf der Motorhaube fest und befestigen Sie das Roll-Banner an einer Scheibe."

Der solcherart aufgerüstete Opel-Zafira erinnerte mich wahlweise an einen geschmückten Weihnachtsbaum oder den bei Nacht beleuchteten Eiffelturm. Außerdem an meine letzte Indien-Reise. Dort wanken überladene Lastwagen durch den Verkehr, wie leckgeschlagene Seelenverkäufer durch hohen Seegang, die es optisch mit jedem buddhistischen Tempel aufnehmen können. Über den Windschutzscheiben prangen Beschützernamen wie: „St. Joseph", „St. Thomas", „St. Mary", „Infant Jesus", „Shiva", „Ganescha" und „Rama". Die deutsche Version des betreuten Fahrens funktioniert genauso, nur umgekehrt: Das gemeine Weltmeisterschafts-Kraftfahrzeug erhebt seine Kotflügel schützend über „Müller", „Neuer" und „Kroos".

So eine Fußball-Weltmeisterschaft bietet eine gute Gelegenheit, den menschlichen Hang zum Lametta auszuleben, ohne dass es allzu peinlich wird. Der extremste Fall, der mir in dieser Beziehung auf vier Rädern untergekommen ist, war ein teilvergoldeter Mercedes 500 SEC, den ein Hamburger Auto-Veredler Mitte der 90er-Jahre für einen arabischen Prinzen hergerichtet hatte.

Für eine Reportage fuhr ich das Scheichmobil (24 Karat, Marke Degussa) einen halben Tag durch die Hamburger Innenstadt. Der Lack glänzte zu allem Überfluss im metallischen Rot eines chinesischen Morgenmantels. Nur einen Mercedes-Stern trug das Mobil nicht, die Schwaben hatten dessen Verwendung vorsichtshalber untersagt, nachdem der damalige Design-Chef Bruno Sacco das Fahrzeug auf dem Genfer Salon gesichtet hatte, laut Augenzeugen „schweigend, gleichsam diszipliniert erschrocken".

Das Innere war mit vergoldetem Leder ausgeschlagen. „Normalerweise ist dieses Material nur in sehr kleinen Portionen zu haben – als Lendenschurz für die Stripperinnen auf St. Pauli", versicherte mir sein Erbauer Chris Hahn, ein ehemaliger Seemann. Und er wurde nach heutigen Maßstäben ausgesprochen sexistisch: „Für einen Rolls-Royce müssen acht ausgesuchte walisische Kühe das Leder lassen. Doch was ist das schon gegen diesen Mercedes – 87 Mädels mussten den Schurz hergeben."

Noch mehr beeindruckt hatte mich eine andere Spezialität: Bei Tempo 180 war es mühelos möglich, sich an die deutsche Richtgeschwindigkeit von 130 zu halten. Dahinter steckte ein kluger Kopf: Statt den Motor zu frisieren, hatte der windige Seemann den Tacho auf Vordermann gebracht. Ohne jegliche technische Änderung lief der Mercedes 500 SEC – wie gewünscht – Tempo 360. Dieses gedankliche Prinzip fand seither in der deutschen Automobil-Industrie großen Anklang. Chris Hahn darf gewissermaßen als der geistige Vater der Abschalt-Vorrichtung gelten.

Sehr lebhaft ist mir diese Episode in Erinnerung geblieben: Ich warte an einer Ampel und sehe ihn im Rückspiegel. Langsam, fast schüchtern rollt er von hinten an und kommt schließlich neben mir zum Stehen. Der Fahrer eines großen S-Klasse-Mercedes schaut einen Augenblick zu mir rüber. Ich schaue zurück und muss mich doch sehr wundern: Der Kerl zeigt mir einen Vogel. Psychologen erklären das so: „Sozialpsychologisch pflegen die Aggressionen gegenüber der unmittelbar angrenzenden Schicht am intensivsten zu sein." Will heißen: Er hat einen Daimler, aber ich hab einen vergoldeten Daimler. Das konnte ja nicht gut gehen.

Die Ampel springt auf Grün, und mein Kontrahent rauscht mit Vollgas davon. Ich kann gerade noch erkennen, dass er hinten an seinem Mercedes das Typenschild entfernt hat. Denn Reichtum trägt man in Deutschland nicht offen zur Schau. Man erträgt ihn mit einem schlechten Gewissen und einem Augenzwinkern. Fehlende Mercedes- oder BMW-Typenschilder gehören zu dieser Kategorie. Die Status-Symbolik ist eine echte Wissenschaft: Angeblich fehlt das Schild, damit niemand sieht, was für ein dicker Schlitten das ist. In Wahrheit fehlt das Schild, damit jeder sieht, was das für ein dicker Schlitten ist. Denn man traut sich ja noch nicht mal, die Typenbezeichnung dran zu lassen. Dieser Salto mortale rückwärts gilt als vornehme Zurückhaltung. Ein vergoldeter Mercedes gilt hingegen als ordinär und unanständig. Ich fuhr zum finalen Test deshalb hinaus zur Autobahnauffahrt Stillhorn, wo um diese Jahreszeit immer viele Anhalterinnen standen. Lautlos und elegant öffnete ich die rechte Seitenscheibe, beugte mich hinüber und fragte gönnerisch: „Na, wo soll's denn hingehen?" Die Anhalterin antwortete wohlüberlegt: „Hau ab, du Arsch."

Die Pferdediebe

„Trump erklärt deutsche Autos zur Gefahr", berichten deutsche Medien und empören sich. Aber warum die Aufregung? Die gleichen Medien haben deutsche Autos doch längst ebenfalls zur Gefahr erklärt. Es herrscht völlige Einigkeit zwischen bösem Trump und gutem Deutschen.

Viele kennen den schönen Witz, in dem ein Philosoph eine Talkrunde verlässt, und zwar mit der Bemerkung: „Ich gehe jetzt pinkeln, aber aus anderen Gründen." So ähnlich verhält sich das auch hier: Trump bezeichnet deutsche Autos als nationales Sicherheitsrisiko, weil ihr unfair billiger Import amerikanische Arbeitsplätze gefährde und somit auch die nationale Sicherheit tangiere. Die deutsche Regierung, Grüne, Umweltverbände und weite Teile der Medien bezeichnen deutsche Autos hingegen als ein nationales Gesundheitsrisiko, weil der deutsche Michel nach Vorbeifahrt eines Mercedes oder Volkswagens von Abgasen bekifft tot umfallen könnte, was letztendlich ebenfalls die nationale Sicherheit gefährdet. Also Leute, da passt kein Blatt Papier zwischen euch!

So rum oder so rum, am Ende zählt, was hinten herauskommt, wusste schon der olle Kohl und meinte nicht den Auspuff. Deutsche Autos stehen jedenfalls für Deutsche auf der Liste der aussterbenden Arten. Im Sommer 2017 haben Porsche & Co den Verkauf ihrer Mobile in Deutschland bis auf Weiteres faktisch eingestellt. Grund: Aufgrund der neuen Prüfzyklen für die Abgasbestimmungen sind die Grenzwerte für viele Modelle derzeit offenbar nicht einzuhalten.

Liebe Amerikaner, macht euch keine Sorgen. Ihr braucht unsere Autoindustrie gar nicht zu ruinieren. Das schaffen wir selbst. Aus Freude am Kaputtmachen! Und Sie, lieber Donald Trump, Sie sollten den Abgang der Daimlers und BMWs mit einer Spende an die Grünen und die Deutsche Umwelthilfe (Nichts ist unmöglich, Toyoooota!) beschleunigen. Das ist viel wirksamer als Strafzölle. Fragt mal die Leute vom CIA, die werden bestätigen: Die Atombombe ist nix gegen eine verkappte Grüne, die bei der Konkurrenz in der Regierung sitzt. Echt jetzt.

Es ist deshalb auch nicht ganz klar, wer nun bescheuerter ist: Eine Autoindustrie, die diese Kamarilla seit Jahren hofiert, mit Spenden mästet und hätschelt – und sich in den Staub wirft wie Daimler-Zetsche vor der chinesischen Diktatur. Sie haben ihnen, ganz wie Lenin es vorhergesagt hat, den Strick verkauft, an dem sie nun aufgehängt werden. Man wusste, dass die Abgaswerte nur ideologisch begründbar sind, als Leitplanken einer Autobahn namens Utopia, zu deutsch Verkehrswende. Anstatt das laut zu sagen, hat man sich grün lackiert und glaubte, die Sache in trauter Runde im Hinterzimmer wieder abräumen zu können. Im Falle der Amerikaner entschied man sich statt für indirekten für direkten Beschiss, denn in den Hinterzimmern saßen schon andere.

Was kann ein gewöhnlicher Porsche-Kunde nun tun, um persönliche Rache zu nehmen? Um sowohl Porsche als auch unsere grüne Berliner Friedhofsverwaltung maximal abzustrafen, kommt nur eines in Frage: Buy American! Neiiiiin! Kein Tesla! Diese Blase platzt gerade.

Suchen Sie stattdessen den General-Motors-Händler Ihres Vertrauens auf und fragen nach einem Chevrolet Camaro mit rund 450 PS oder Dodge Challenger SRT Hellcatmit 717 PS. Das sind die absolut unanständigsten Motoren, die man derzeit in Deutschland kaufen kann, nicht grün, sondern so schwarz wie ein Nummernkonto auf Curaçao. Der letztere hat sogar einen Kompressor, wie weiland der Rennfahrer Bernd Rosemeyer, als er mit seinem Silberpfeil auf der Autobahn zwischen Darmstadt und Frankfurt zur letzten Fahrt angetreten ist. Damit ist man seinen Führerschein mindestens so schnell los wie mit einem Porsche 911, die Dinger kosten aber nur etwa die Hälfte (50.000 beziehungsweise

80.000 Euro). Für danach genügt dann eine Playstation mit dem Brummbrumm-Simulationsspiel „Project Cars 2" oder „Dirt 4" (das ist kein Porno, ich schwör).

Ab 2030 wird die Playstation dann die verbindliche Motorisierung für alle Bundesbürger; Benziner und Diesel sind dann verboten, Tesla und die Seinigen Pleite. Und jetzt, liebe Leute, hofft bloß nicht auf irgendwelche selbstfahrenden Mercedes-Drohnen, da stehen die neuen Datenschutz-Regeln im Wege wie die Betonblöcke am Weihnachtsmarkt. Das selbstfahrende Auto müsste nämlich von jedem Verkehrsteilnehmer, den es erfassen will, zuvor eine schriftliche Einverständniserklärung einholen. Für die Fahrzeit zwischen Brandenburger Tor und Siegessäule brauchen wir einen Jahresurlaub. Und weil man dann keine Autos mehr besteuern kann, wird man eben Playstations besteuern.

Das alles sind blendende Aussichten für die amerikanische und die chinesische Automobilindustrie. Letztere wird sich in absehbarer Zeit auf der Resterampe in Wolfsburg, München, Ingolstadt und Stuttgart bedienen. Die Chinesen kennen die deutsche Autoimmun-Krankheit übrigens schon aus längst vergangenen Jahrhunderten. Denn sie haben auch schon mal große Schiffe verboten, allerdings hießen die nicht Audi A8, Mercedes S-Klasse oder Porsche Cayenne. Im 15. Jahrhundert waren die Chinesen eine große Seemacht und sammelten in der halben Welt Reichtümer. Dann schlug ein paar Jahrhunderte später während eines Unwetters ein Blitz in den Palast des Kaisers Zhu Di ein und ließ ihn in Flammen aufgehen.

Der Kaiser begann, an seinem „Mandat des Himmels" zu zweifeln. Mandarine, die Gegner der Expansion waren, triumphierten. Schließlich wurde der Bau von großen Schiffen verboten, sogar deren Pläne verbrannt, Logbücher und wissenschaftliche Aufzeichnungen der großen Forschungsreise vernichtet. Ein Jahrhundert später waren die Entdeckungsreisen vergessen, die

Kunst des Baues großer Schiffe für China verloren, der Übersee-handel zusammengebrochen.

Kein Wunder, dass Selbstmord aus Angst vorm Tod in China nicht mehr so gefragt ist. Aber auch in Europa sieht es so aus, als ob nur die Deutschen fest entschlossen sind, sich einsam vom Dach zu stürzen. So geriet gerade der Mercedes VITO wegen vermuteter Abgasmanipulationen in die Schlagzeilen. Dessen 1,6-Liter-Diesel-Motor stammt von Renault-Nissan, das Einspritzsystem vom US-Zulieferer Delphi. Zum finsteren Gesellen wird dieser Motor auf wundersame Weise erst, wenn er bei Kehl am Rhein die französisch-deutsche Grenze überquert. Das gleiche Phänomen ließ sich übrigens schon beim Waldsterben beobachten: Das hörte an der Grenze zum Elsass schlagartig auf.

Tarnen und Täuschen

Ah, ein Journalist!

Neulich, in einem kleinen Landhotel in der Gegend von Bologna. Wir kamen mit einem netten Paar ins Gespräch. Am Pool. Sie las ein Buch, das Sabine auch schon gelesen hatte. Und er interessierte sich für Autos. „Gehört Ihnen der alte Volvo auf dem Parkplatz?" So einem Bruder im Geiste gibt man doch gerne Auskunft: „Ja, und zwar seit 30 Jahren." Doch je mehr man voneinander erfährt, desto eher droht auch Gefahr. Und zwar lauert sie hinter der Frage, die unweigerlich irgendwann kommt: „Und was machen Sie beruflich?" Sabine geht dann immer gleich in Deckung. So, als gehöre sie nicht dazu. Ganz nach dem Motto: „Ich befinde mich nur zufällig auf der Liege neben diesem Herrn."

Dazu muss man wissen: Die peinliche Befragung war – laut Wikipedia – ein „Verfahrenselement der mittelalterlichen Blutgerichtsbarkeit" und wird auch „Tortur" genannt. Bis vor Kurzem habe ich auf die Frage nach dem Beruf noch tapfer geantwortet: „Ich bin Journalist." Und dann beginnt die Folter. Deshalb mache ich das nicht mehr, bin doch nicht bekloppt. Und außerdem im Urlaub. Meine Erfahrung in den letzten Jahren hat mich gelehrt, dass die Auskunft „Journalist" geeignet ist, mein Sozialprestige nachhaltig zu beeinträchtigen. Was der Volvo auf dem Parkplatz gut macht, reißt der Journalist am Pool mit dem Arsch wieder ein.

Hast du dich bekannt, sagt das Gegenüber bestenfalls gar nichts dazu. Er sucht sich beim Abendessen aber den Tisch mit maximalem Abstand, was zumindest höflich ist. Aber wer ist heutzutage schon höflich. Die meisten erzählen dir erst mal, was sie schon immer einem Journalisten erzählen wollten. Na super, das brauch ich echt. Der Plot ist stets der gleiche: Die Leute haben auf irgendeine Weise Erfahrung mit Journalisten gesammelt. Und gleichen das, was berichtet wurde, mit dem ab, was sie selbst darüber wissen. Und diese beiden Informationsebenen – sagen wir es mal vorsichtig – stimmen mitunter nicht ganz überein. Die Diskrepanz zwischen beiden wird im Allgemeinen geschildert wie die zwischen der Metrostation vor dem Trump-Tower in New York und dessen oberstem Stockwerk.

Folgende Berufsgruppen neigen zu verschärfter Agitation: Besonders zu fürchten sind die Physiker. Die wissen, wie ein Atomkraftwerk funktioniert, you know what I mean? Außerdem kennen sie sich mit Kilowattstunden, Grundlast und Wirkungsgraden aus. Und sie können rechnen. Kopfrechnen und die Fähigkeit, Statistiken zu interpretieren, sind der natürliche Feind jeder engagierten Berichterstattung. In Journalistenkreisen nennt man das „kaputtrecherchieren".

Dann folgen die Angehörigen naturwissenschaftlicher Berufe allgemein, Techniker und Ingenieure. Selbst Facharbeiter sind mittlerweile die Pest. Ganz zu schweigen von Bauarbeitern. Ebenfalls zu meiden sind Personen, die im weitesten Sinne mit der Automobilindustrie zu tun haben. Die verfügen über absolut lästiges Detailwissen. Sehr unangenehm ist ferner die Konfrontation mit Mitarbeitern der Chemieindustrie und der Pharmabranche. Es ist sehr mühsam, sie von der Überflüssigkeit und Verwerflichkeit ihres Tuns zu überzeugen. Nicht viel besser sind Landwirte, die es oft an Sensibilität im Umgang mit einer Journalistenseele mangeln lassen. Diese Aufzählung der Problembären ist ohne Anspruch auf Vollständigkeit, Gefahr lauert überall dort, wo in fossiler Einfalt Fakten der Vorzug vor der Moral gegeben wird. Verantwortungsethiker sind echt die Pest.

„Aha, Sie sind Journalist, mhhm." Und schon sitze ich in der Falle. Soll ich vielleicht behaupten: „Bei mir ist das ganz anders, als Sie denken." Glaubt mir doch kein Schwein. Oder soll ich sagen: „Sie haben recht, der Journalismus ist auf den Hund gekommen." Dann halten sie mich obendrein für einen feigen Verräter. Eine typische Lose-lose-Situation.

Dabei muss ich stets an meinen alten Latein-Lehrer denken. In Latein war ich eine ziemliche Niete, und der Mann war rethorisch durchtrieben. Eines Tages sah er mich außerhalb der Schule mit einem großen, selbstgebauten Modellflugzeug. Bei der Rückgabe der Lateinarbeit fragte er mich: „Übrigens, hast du das Flugzeug von neulich selbst gebaut?" Ich hatte jetzt zwei Möglichkeiten zu antworten. Einmal: „Ja." Dann würde sein Kommentar lauten: „Flugzeuge bauen kannst du, Latein nicht." Möglichkeit zwei: „Nein." Dann würde die Antwort lauten: „Noch nicht einmal ein Modell-Flugzeug kannst du bauen, geschweige denn eine ausreichende Lateinarbeit." Egal, was ich erwiderte, ich war in jedem Fall der Depp.

Deshalb erspare ich mir die Auskunft „Journalist" inzwischen. Da kannst du nur verlieren. Ich raune stattdessen was von „Medienbranche" oder so. Das klingt auch nicht viel besser, ist aber zumindest nicht gelogen. Ich gelte dann zwar noch immer als Bote aus dem Reich der Finsternis, aber nicht als unmittelbar gemeingefährliches Arschloch. Das war schon mal besser. Ich erinnere mich noch, als ich meine erste Visitenkarte vom *Stern* bekam. Das war zwar nicht vor Christi Geburt, aber vor Erscheinen der Hitler-Tagebücher. Wenn man irgendwo Schwierigkeiten hatte, war so eine *Stern*-Visitenkarte sehr hilfreich, um da heraus zu kommen. Heute dürfte es umgekehrt sein: Wenn man keine Schwierigkeiten hat, eignet sich eine *Stern*-Visitenkarte hervorragend, um welche zu kriegen.

In der Vergangenheit habe ich den Journalisten mitunter auch geleugnet, allerdings eher, wenn ich die Grenzformulare in Diktaturen ausfüllen musste. Russland, China, DDR und dergleichen.

Ich schrieb dann „Verleger", „Lektor" oder „Tourist", was auch nicht ganz gelogen war, aber blöde Rückfragen ersparte. Journalisten hatten bei den jeweils Herrschenden keinen guten Ruf, außer bei denen, die man selbst bezahlte. Die hatten dafür beim Volk keinen guten Ruf. Keine Ahnung, warum sich das jetzt wieder so entwickelt, obwohl wir doch nachweislich nicht in China leben.

Hätte ich doch bloß was Anständiges gelernt! Die Bäckerei-Verkäuferin, bei der ich seit ewigen Zeiten meine Brötchen hole, meinte neulich bei einem kurzen Plausch: „Sie sind doch Arzt." Doch leider kann ich eine stabile Seitenlage nicht von einem Kopfstand unterscheiden. Sie war ganz enttäuscht, ich fast gerührt, mein Ego ungemein geschmeichelt. Chefarzt der Schwarzwaldklinik, das wäre was für mich. Ich werfe mir einen weißen Kittel über und hänge mir ein Stethoskop um. Und gut ist.

Aber auch so komme ich mir manchmal vor, als mache ich eine Visite in der Notaufnahme. Beispielsweise, wenn die Verbandszeitschrift des Deutschen Journalisten-Verbandes (DJV) in meinem Briefkasten liegt. Sieht aus wie eine Broschüre der Ortskrankenkasse und enthält wertvolle Gesundheitstipps. Die letzte Titelgeschichte hieß „Der Journalist als Beruhigungspille." Pardon, das war jetzt ein kleiner Scherz von mir. Der Titel lautete natürlich: „Medien und Populismus".

Darin stehen absolut schwindelfreie Sätze wie dieser: „Wir haben in diesem Land weder eine Asylkrise noch steht uns eine Islamisierung bevor ... Das sollte man auch so deutlich sagen, statt immer wieder auch noch die irrationalsten Sorgen irgendwelcher Bürger zu verstärken, weil man meint, sie ernst nehmen zu müssen." Ich rate davon ab, dies bei Berufsfremden etwa in Duisburg-Marxloh oder Offenbach-Mitte zu wiederholen, egal ob mit DJV-Ausweis oder *Stern*-Visitenkarte.

Entwarnung kann ich nur für den Fall geben, dass der Journalist auf den Angehörigen einer anderen Glaubensgemeinschaft

trifft. Bischöfe, Mitglieder von Ethik-Kommissionen und Fahr-
radbeauftragte sind einfach wunderbar, in Duisburg-Marxloh
aber selten.

Der Umfrage-Unfall

Im Jahre 1957 wollte Ford besonders klug sein. Ein Heer von Marketingfachleuten hatte dem amerikanischen Volk aufs Maul geschaut und eine klaffende Lücke entdeckt. Es fehle der Firma ein überzeugendes Fahrzeug im gehobenen Preissegment, der Traum der Mitte gewissermaßen. Deshalb wurde ein gewaltiger Marktforschungs-Aufwand betrieben, um alles richtig zu machen. Das illustriert allein schon die Suche nach dem Namen für das neue Auto, respektive die Marke, unter der es dem staunenden Volke präsentiert werden sollte.

Eine Werbeagentur sammelte 18.000 positiv besetzte Begriffe, von denen dann 6.000 in die engere Wahl kamen. Ford war sogar an die Dichterin Marianne Moore herangetreten und hatte sie gebeten, einen Namen zu dichten, der Eleganz, Schnelligkeit, moderne Ausstattung und Design symbolisieren sollte. Das Rennen machte schließlich, man höre und staune: Edsel. So hieß der Sohn von Henry Ford I. Zufälle gibt es.

Ich muss oft an diese Geschichte denken, wenn Umfragen zu Rate gezogen werden, um Volkes Stimmung aufzuzeigen. Nehmen wir mal an, *infratest dimap* würde im Auftrag der CDU positiv geprägte Worte für den beliebtesten deutschen Politiker zusammenstellen. Oder der Verband deutscher Schriftsteller würde dazu einen Namen dichten. Was käme da wohl raus? Angela. Ich schwör.

Der Fernsehsender CBS veranstaltete zur Premiere des neuen Autos so eine Art Edsel-Show, in der Bing Crosby, Frank Sinatra und Louis Armstrong auftraten. Der Edsel fuhr in einem glänzenden Türkisgrün vor, so ähnlich wie Angela Merkel in Bayreuth. Trotzdem wurde der Edsel, das Auto, das es jedermann recht machen sollte, zum Mega-Flop. Er ging als größtes Marketing-Desaster in die Automobilgeschichte ein. Nach heutigem Tarif dürften etwa zwei Milliarden Dollar in den Sand gesetzt worden sein.

Dabei wurde beim Edsel alles genau so gemacht, wie es die Käufer angeblich wünschten. Und genau das war das Problem, denn leider passte das alles nicht zusammen. Kritiker fühlten sich beim Anblick des Kühlergrills an eine Toilettenbrille erinnert, und selbst Richard Nixon konnte sich beißenden Spott nicht verkneifen. Als er bei einer Südamerikareise in seiner Edsel-Limousine mit faulen Eiern beworfen wurde, tröstete er den Chauffeur: „Es liegt nicht an uns, es liegt am Auto."

Die Ford-Leute waren in eine selbst gestellte Falle getappt. Außerdem hätten sie sich für ihr Wunderauto ein anderes Land suchen sollen. Beispielsweise die Sowjetunion. In den USA bestand das Problem darin, dass es auch noch andere Autos zu kaufen gab. Angela Merkel hat das Problem eindeutig besser gelöst als Ford. Selbst in der ehemaligen DDR gab es noch eine Auswahl zwischen Trabant und Wartburg. Das Modell Angela hingegen ist so alternativlos wie einst Nicolae Ceausescus Dacia. „Perfekt für die Idioten", hatte Ceausescu angesichts des Mobils befunden.

Welches Politik-Modell auch immer man bestellt, Angela wird geliefert. Beim Reichstags-Lieferando gibt's nur Angies Pizza, wahlweise mit Salami, Ananas oder SPD. Die Bandbreite der Regierungs-Konstellationen lässt sich mit einem schönen alten Trabi-Witz verdeutlichen. Frage: „Was ist der Unterschied zwischen einem Trabi und einem Trabi Sport?" Antwort: „Der Fahrer hat Turnschuhe an."

„One size fits all" nennen das die Angelsachsen. Es gibt nur ein' Angela Merkel, wahlweise mit oder ohne Turnschuhe, Variationen mit grünem Kopftuch und roten Socken sind ebenfalls denkbar. Wenn man der *Süddeutschen Zeitung* glauben darf, dann veranstaltet Merkel pro Jahr bis zu 150 Umfragen. Da dürfte selbst Ford vor Neid erblassen. Zumal Merkel nicht wissen will, was die Leute wollen, sondern lediglich eine Antwort darauf sucht, wie man sie astrein demokratisch hinter die pommersche Kiefer führen kann.

Nun können Umfragen von zwei Seiten manipuliert werden. Einerseits durch die Fragesteller. Wer geschickt formuliert, kriegt die Antwort, die er sich wünscht. Doch auch die Befragten sind ein Risikofaktor. Es ist beispielsweise unter Sexualforschern eine Binsenweisheit, dass bei der Frage nach Seitensprüngen Frauen und Männern in entgegengesetzte Richtungen schummeln. Männer neigen tendenziell zum Prahlen mit ihren erotischen Erfolgen, Frauen spielen vergangene Affären gern herunter, da ihnen immer noch ein schlechter Ruf droht, wenn es allzu viele waren.

Viele möchten lieber vor sich und den anderen gut dastehen und gehen deshalb mit der Wahrheit nicht besonders pingelig um. So kann man zwar in Fernseh-Betroffenheitsshows erfahren, ob Vibratorspiele mit Schwiegermutter und Schäferhund erlaubt sind. Verboten ist es in jedem Falle, dabei auch noch AfD zu wählen. Das echte Intimleben beginnt eben erst in der Wahlkabine.

Die Politik folgt daher oft dem, was die Leute glauben, dass sie denken sollten und nicht dem, was sie tatsächlich denken. Derzeit dürfte zwischen beidem ein Tal von der Tiefe des Grand Canyon liegen. In Abwandlung eines bekannten Bonmots könnte man auch sagen: Ein Kamel ist ein Rennpferd, das aufgrund von Meinungsumfragen geschaffen wurde. Und da fast alle Parteien den gleichen Umfragen vertrauen, reiten sie auch das gleiche Kamel, das entlang einer Fata Morgana durch die Wüste streift. „One size fits all" gilt inzwischen auch für die Meinungsbildung, Ceausescu hätte gesagt: „Eine Meinung ist genug für die Idioten."

Zur gleichen Zeit, als der Ford-Edsel durchfiel, erlebte in den USA übrigens ein anderes Automobil einen kometenhaften Aufstieg, das kein Meinungsforscher auf dem Radar gehabt hatte. Im Gegenteil: Es war sogar in sämtlichen Käuferbefragungen durchgefallen. Ganz Amerika adoptierte den Volkswagen-Käfer, und die Werbung fragte: „Warum erlaubt Ihnen Ihre Frau nicht, dieses Auto zu kaufen?"

Ähnliches hat sich dann noch einmal in den achtziger Jahren in Europa abgespielt. Der Fiat-Panda wurde als „tolle Kiste" mit Intelligenz, Witz und Humor zum Publikumsliebling. „Dieses italienische Auto enthält mehr Konservierungsstoffe als eine deutsche Currywurst" lautete eine Anzeigenüberschrift. Die Kampagne war zuvor von 75 Prozent der Befragten abgelehnt worden. Aber die restlichen 25 Prozent waren total begeistert. Der Werbeleiter beschied daraufhin: „Mir sind 25 Prozent totale Zustimmung wichtiger als 75 Prozent lau oder dagegen." So etwas nennt man dann wohl Populismus. Nur eben mit Intelligenz, Witz und Humor. Wo gibt's das in der deutschen Politik? Würd' ich kaufen.

Hilfe, die AfD ist meiner Meinung!

Bento auf *Spiegel-online*, das *Goldene Blatt* für alle unter 80-Jährigen, macht sich bisweilen Sorgen um das deutsche Familienglück. Einfühlsame Ratgeber beantworten Fragen wie diese: „Meine Familie wird immer rechter. Kann ich das ändern?" Gut, dass es Bento und seine engagierten Pflegekräfte gibt, da weiß ich wenigstens, wohin ich mich jetzt vertrauensvoll wenden kann. Der Grund für meine schwere Identitätskrise: Die AfD ist meiner Meinung. Und ich kann das nicht ändern! Es war also alles umsonst: Erst hab ich den Schäferhund abgeschafft und mich dann von Dschingis Khan scheiden lassen. Und jetzt das. Die AfD ist meiner Meinung! Gleichsam aus heiterem Himmel. Um das tragische Ausmaß des Verhängnisses zu beschreiben, muss ich ein wenig ausholen. Nicht um meine zweifelhaften Verdienste um das Vaterland hervorzuheben, sondern weil es aus Gründen der Dramaturgie nicht anders geht.

Die Sache reicht zurück ins Jahr 2007, als ich beschloss, die Klimakatastrophe ganz persönlich zu bewältigen. Nix ordnet die Gedanken besser als ein Manuskript, und so schrieb ich das Buch „Hurra, wir retten die Welt! – wie Politik und Medien mit der Klimaforschung umspringen". Um es kurz zu machen, sei der Inhalt mit einem Zitat aus dem Vorwort umschrieben: „Eine Politik, die nicht in der Lage ist, die Krankenkassenbeiträge zu stabilisieren, gibt nun vor, die Welttemperatur in 100 Jahren um zwei Grad regulieren zu können."

Seitdem ist der Meeresspiegel um eine Daumenbreite angestiegen und auch sonst hat sich nichts Dramatisches getan. Außer, dass die alarmistischen Prognosen mit weiteren elf Jahren Realität abgeglichen werden können und immer älter aussehen. Das Buch ist vergriffen und wird – Vorsicht Eigenlob – wie alter Wein immer besser. Politisch fährt der Dampfer ungerührt weiter, bis ihm die Kohle ausgeht. Ich verfolge das Ganze mit fatalistischem Gleichmut, man soll nicht gegen Windmühlen kämpfen, besonders nicht in Deutschland. Allein gegen 30.000 Windräder, das schaffe ich in meiner Restlaufzeit nicht. Nur ab und zu, wenn es besonders arg wird, muss eine kleine Blutgrätsche sein, macht ja manchmal auch Spaß.

Es hatte also alles seine Ordnung. Doch dann schickt mir ein Leser einen Video-Clip von einer Bundestagsdebatte Mitte 2018. Der Abgeordnete Dirk Spaniel erklärt in pädagogisch wertvoller Weise, wie sinnfrei, kontraproduktiv und utopisch die deutsche Klimaschutzpolitik ist und sagt:

„Wie weit sich dieses Parlament von der Realität entfernt hat, erkennt man daran, dass in den letzten Jahren niemand die CO_2-Ziele in technisch realisierbare Maßnahmen abgeleitet hat … für das Parlament eines modernen Industriestaates ist die permanente Vortäuschung der Machbarkeit des Energiewende-Märchens ein absolutes Armutszeugnis."

Das erinnerte mich ein wenig an längst vergangene Talkshows, in denen ich als Partypupser auftreten durfte und im Prinzip das Gleiche erzählte. Die Altmaiers, Trittins und Röttgens in der Runde waren darob zuverlässig empört. Inzwischen richten sie auch in anderen Ämtern oder Funktionen nachhaltigen Schaden an.

Und jetzt rechnet doch tatsächlich jemand im Bundestag mit dieser Politik ab. Ist da einer bei der FDP aufgewacht, von mir aus auch bei der Linkspartei? (Die Grünen erwähne ich nicht, weil die nicht praktisch bildbar sind.) Nein, so jemand gibt es schon lange nicht mehr, und deshalb nimmt mein Schicksal eine harte Kurve: Dieser Dirk Spaniel ist Abgeordneter der AfD! Und von der muss man sich doch abgrenzen! Aber wie soll ich das machen? Muss ich jetzt mein Klimabuch verbrennen? Widerrufen? Muss ich ARD und ZDF bitten, meine Talkshow-Aussagen zu löschen?

Muss ich irgendwo eine Kerze anzünden, auf dass ich nicht vom Reich der Finsternis verschlungen und bei Facebook auf den Index gesetzt werde?

Doch ich sage euch, es kommt noch schlimmer: Für einen Kompaktwagen wie einen Opel Astra, so Spaniel, werden ab 2020 bis zu 10.800 Euro Strafzahlung fällig. Und weiter: „Diese Zwangsverteuerung trägt entweder der Kunde, für den Autos zunehmend unerschwinglich werden, oder der Autohersteller, der durch diese Zusatzbelastung nicht mehr rentabel arbeiten kann. Was das für die Arbeitsplatzsituation bedeutet, kann sich jeder selbst ausmalen." Breite Bevölkerungsschichten würden „auf subtile Weise von der individuellen Mobilität ausgeschlossen".

Die ganz große Mehrheit der deutschen Medienschaffenden berichtete kein Wort darüber, schließlich muss man sich von der AfD abgrenzen. Tapfer! Die Jungs vom Newsroom verzichten lieber auf ihren Opel-Astra und gehen zu Fuß.

In meinem Falle ist es leider zu spät, da hilft auch keine Wanderung nach Santiago di Compostela mehr. Denn ich habe das ultimative Sakrileg begangen. Ich habe auch noch ein Loblied auf den deutschen Ingenieur gesungen. Damit habe ich mich erneut schwerster AfD-Propaganda schuldig gemacht, denn welchem Berufsstand gehört Spaniel wohl an? Bingo! Bei Wikipedia heißt es:

„Er studierte Chemieingenieurwesen und Maschinenbau an der Technischen Universität Clausthal und an der Rheinisch-Westfälischen Technischen Hochschule Aachen und Mechanical Engineering an der Michigan State University in den USA. Er schrieb seine Doktorarbeit über Brennstoffzellenfahrzeuge an der Rheinisch-Westfälischen Technischen Hochschule Aachen und bei DaimlerChrysler. Er war dann Versuchs- und Entwicklungsingenieur für Fahrdynamik bei DaimlerChrysler. Seit 2004 arbeitet er in verschiedenen Leitungsfunktionen in der Pkw-Entwicklung der Daimler AG."

Also, jetzt wird es ganz mühsam: Denn nicht nur ich muss mich von Dirk Spaniel abgrenzen, sondern auch das deutsche Ingenieurswesen, die deutschen Naturwissenschaften, die Michigan State University, die RWTH Aachen, Daimler und Opel. Die Opposition im Bundestag hat sich von Spaniel ja bereits abgegrenzt, schließlich applaudierte, mal abgesehen von seinen Parteigenossen, kein Mensch. Und die anderen packen das Thema auch nicht an, weil der Gedanke, die deutsche Autoindustrie könne politisch gegen die Wand gefahren werden, ja gewissermaßen AfD-kontaminiert ist.

So ähnlich lief das ja auch seinerzeit beim Zensurgesetz des Heiko Maas und vielen anderen haarsträubenden Entwicklungen. Um sich von der AfD abzugrenzen, verzichtet die restliche Opposition auf die Opposition. Welch großartige Taktik! Und so gehen diese Parteien dann in Städten wie Rüsselsheim und Wolfsburg in den verdienten Ruhestand, die Wähler in Hartz IV und wir alle zu Fuß. Hauptsache, wir haben uns von der AfD abgegrenzt.

Dieselstudie als vorzeitiger Todesfall

Am 9. März 2018 meldete das Bundes-Umweltministerium 6.000 Tote pro Jahr durch Dieselabgase, zwei Tage später waren die dann wieder lebendig: „Kein einziger Diesel-Toter wirklich nachweisbar", titelte *Bild*. Die Auferstehung der Sechstausend wird wohl ins Guinnessbuch der Rekorde eingehen. Christus brauchte nach seiner Kreuzigung immerhin drei Tage für diese Übung. Das wirft beim Laien (und auch beim Fachmann) die Frage auf, wem man bei aller christlichen Güte eigentlich noch trauen kann. Deshalb hier ein kleines Kompendium zu den Fragen: Wo werde ich wie beschissen und warum?

Die gute Nachricht zuerst: Man kommt mit dem Laienverstand in der Beurteilung von sogenannten „Studien" oft recht gut zurecht. Vorausgesetzt, man lässt sich nicht ins Bockshorn jagen. Also keine Angst vor Professoren. Schon beim ersten Nachfragen stellt sich mitunter heraus, dass sie zwar Professor sind, aber leider auf einem anderen Fachgebiet. Die Tatsache, dass eine Untersuchung von einem Institut gemacht wurde, bedeutet ebenfalls nicht viel. Auch ein Massagesalon darf sich Institut nennen. Viele Institute führen die Bezeichnung „GmbH" im Namen. Das heißt „Gesellschaft mit beschränkter Haftung", und das ist auch so gemeint. Und was den wissenschaftlichen Jargon anbetrifft, so handelt es sich in der Regel um schlechtes Deutsch und verschrobene Grammatik, beides kein automatischer Ausweis hoher Kompetenz. Scharlatane haben sich zu allen Zeiten hinter Wort-Ungetümen versteckt. Das soll den normalen Menschenverstand auf Distanz halten.

Im aktuellen Streit spielt beispielsweise der schöne Terminus „vorzeitige Todesfälle" eine große Rolle. Wenn ich morgen beim Reinigen der Dachrinne von der Leiter falle, dann bin ich ein vorzeitiger Todesfall. Es gibt in Deutschland pro Jahr etwa 10.000

solcher vorzeitiger Todesfälle, und da sind die rund 3.000 Verkehrstoten noch gar nicht mitgezählt. Das ist gewissermaßen der vorzeitige Tod erster Klasse, es gibt aber noch einen vorzeitigen Tod zweiter Klasse. Dabei handelt es sich nicht um tatsächliche Tote, sondern um hypothetische Tote. Die sind die allzeitbereiten Zombies der Alarmbranche. Und diese seltsamen Wesen errechnet die vom Umweltbundesamt und vom Umweltministerium verbreitete Studie „Quantifizierung von umweltbedingten Krankheitslasten aufgrund der Stickstoffdioxid-Exposition in Deutschland".

Aufgrund von Statistiken, auf die ich noch zurückkomme, geht man davon aus, dass Menschen, besonders wenn sie gesundheitlich geschwächt sind, noch früher sterben, wenn sie zu lange an einem Dieselauspuff schnuppern. Das interessiert mich natürlich brennend, schließlich sagt mein Arzt immer, ich soll endlich den Alkoholkonsum einstellen, damit ich nicht frühzeitig ablebe. Nun macht so ein Gläschen am Abend deutlich mehr Spaß als ein Spaziergang in der Stuttgarter Innenstadt. Wenn ich also nicht mehr spazieren gehe, darf ich jeden Abend ein Viertel mehr Chianti zu mir nehmen und sterbe just in time, na das ist doch mal eine gute Nachricht.

Was mich aber ein bisschen stört, ist die Tatsache, dass sie mir nicht sagen können, ob mein vorzeitiges Ableben nun mit 70, 80 oder 90 Jahren stattfinden wird. Vor allem kann mir diese hochmögende wissenschaftliche Ausarbeitung noch nicht einmal sagen, um wieviel der Selbstzünder mein irdisches Dasein konkret verkürzen wird: Um 30 Sekunden, drei Tage oder drei Jahre? Und was ist eigentlich mit dem vorzeitig-vorzeitigen Ableben? Falle ich wegen der Diesel-Emissionen 30 Sekunden früher von der Leiter? Über 30 Sekunden würde ich in jedem Fall mit mir reden lassen.

Einen Anhaltspunkt liefert die Angabe, die Deutschen hätten in einem Jahr rund 50.000 Lebensjahre verloren. Wenn 6.000

vorzeitige Dieseltote in einem Jahr 50.000 Lebensjahre verlieren, sinkt dann meine Lebenserwartung als Diesel-Opfer in einem Jahr um 8 bis 9 Jahre? Es kann sich dabei nur um höhere Mathematik handeln, möglicherweise haben die Forscher aber auch so eine Art umgekehrtes Raum-Zeit-Kontinuum entdeckt. Ich bin also womöglich schon vor einem Jahrzehnt vorzeitig am Dieselqualm gestorben, aber habe es noch nicht gemerkt. Was mich tröstlich stimmt: Es leben inzwischen vermutlich mehr Menschen von Dieselstudien, als daran sterben, alleine das Umwelt-Bundesamt in Dessau hat 1.600 Mitarbeiter.

Ein treffliches Kriterium zur Beurteilung von Studien ist auch der Zeitpunkt ihres Erscheinens. Fällt die Veröffentlichung in auffälliger Weise mit politischen Ereignissen zusammen, liegt der Gedanke auf der Hand, dass es dabei nicht um bloßen wissenschaftlichen Erkenntnisgewinn geht. Im vorliegenden Fall fällt ein ideologischer Streit um den Diesel mit dem Abdanken der bisherigen Umweltministerin zusammen. Verständlich, dass Barbara Hendricks und die ihr verbundene Maria Krautzberger, Präsidentin des Umweltbundesamtes, nochmal zeigen wollen, wo der Hammer hängt. Da ist so eine Studie ein wunderbares Abschiedsgeschenk, man gönnt sich ja sonst nichts.

Barbara Hendricks legte in ihrer vierjährigen Amtszeit grundsätzlich nur Studien vor, die ihren politischen Zielen dienten. Und wenn sie das einmal nicht taten, dann wurden sie einfach umgedeutet. Dieser Tradition wird das Bundes-Umweltministerium auch weiterhin verpflichtet bleiben. Die Neue, Svenja Schulze, hat sich im Zuge der Fukushima-Panikmache als NRW Landesministerin für Innovation, Wissenschaft und Forschung einen Namen gemacht. Ihr Meisterstück: Sie erklärte 2.285 Brennelementekugeln aus dem Zwischenlager am Forschungszentrum Jülich für fahrlässig abhanden gekommen. Einziger Schönheitsfehler: Die Kügelchen waren nie weg.

Kügelchen tauchen wieder auf und Tote kommen abhanden, was will man machen. „Forschung kostet Opfer", sagte immer mein alter Physiklehrer. Und mein alter Mathematiklehrer vertrat zu meinem Leidwesen die Ansicht: Wer am Anfang einen logischen Fehler macht, kann danach noch so richtig rechnen, das Ergebnis ist trotzdem falsch. Wenn man sich die Annahmen der UBA-Studie zu den krankmachenden Stickoxiden zu eigen macht und sie dann auf Raucher überträgt, dann kommt in der Tat ein alarmierendes Ergebnis heraus: Raucher müssten spätestens nach ein bis zwei Monaten tot umfallen. „Das passiert aber nicht," sagt Professor Dieter Köhler, ein renommierter Lungenexperte, der von 2002 bis 2007 Präsident der Deutschen Gesellschaft für Pneumologie war und diese Rechnung hier aufmacht. Welch ein Glück, dass es in diesem Land noch ein paar renitente Pensionäre gibt.

Nun sollte man nicht davon ausgehen, dass das Umweltbundesamt für seine Studie tatsächlich geforscht hat. Das tun die nicht. Sie lassen forschen. In diesem Fall das Helmholtz Zentrum München GmbH, ich ahnte es. Aber auch die haben nicht geforscht. Die haben nur gelesen, das heißt, sie haben sich eine Menge anderer Studien zum Thema aus aller Welt angeschaut. Und dann haben sie – jetzt mal grob vereinfachend gesprochen – ein arithmetisches Mittel aus den vorhandenen Studien berechnet und auf das errechnete arithmetische Mittel der Verhältnisse in Deutschland übertragen. Ein Fehler oder ein logischer Kurzschluss in den Ausgangsstudien pflanzt sich dadurch fort. Aus einfachem Schwachsinn wird bei diesem Verfahren Schwachsinn hoch zwei. Der oben erwähnte Dieter Köhler vergleicht das Vorgehen mit dem „Hexenhammer": „Darin wird ernsthaft erklärt: Wie und mit welchen Experimenten erkennt man eine Hexe. Aber die Grundfrage wird überhaupt nicht mehr gestellt: Gibt es überhaupt Hexen?"

Einen kausalen Zusammenhang zwischen Stickstoffdioxid und den angeführten Erkrankungen gibt es nach wie vor nicht. Das UBA hat sich um diese Frage auch überhaupt nicht geschert. Es ließ ausschließlich epidemologische Studien vergleichen. Im Gegensatz zu toxikologischen Studien werden dabei Personen nicht gezielt Stickoxiden ausgesetzt, sondern es werden rein statistisch Personen mit einer hohen Stickoxid-Belastung mit solchen verglichen, die einer niedrigeren Belastung ausgesetzt sind. Also beispielsweise Menschen, die an vielbefahrenen Straßen wohnen, mit jenen, die in einem Luftkurort beheimatet sind. Und es wird dann geschaut, ob es Unterschiede in der Lebenserwartung gibt. Nur ist ein statistischer Zusammenhang wissenschaftlich kein Beweis für eine tatsächliche Ursache-Wirkung-Beziehung. Im Dritten Reich wurden beispielsweise Kleinkinder mit Milch aufgezogen. Und eine große Zahl von denen wurde zu begeisterten Nazis. Rein statistisch liegt also der Verdacht nahe, dass Milch Nazis erzeugt und sofort vom Verfassungsschutz beobachtet werden muss.

Das Problem an den beiden Gruppen, die in der UBA-Studie verglichen werden, ist, dass man sie nicht vergleichen kann. Man kann beispielsweise davon ausgehen, dass an vielbefahrenen Straßen mit entsprechend niedrigeren Mieten eher weniger wohlhabende Menschen wohnen, während sich im Luftkurort die High Society drängt. Wer reich ist, lebt im Schnitt länger, man achtet in diesen Kreisen mehr auf die Gesundheit und kann sich die beste medizinische Versorgung leisten. Plötzlich liegt die höhere Lebenserwartung nicht am fehlenden Stickoxid, sondern an der reichlich vorhandenen Kohle. Vice versa. Trennen lassen sich die verschiedenen Einflüsse leider nicht. Und schon ist das ganze Studien-Konstrukt reif für die Tonne.

Das soll jetzt nicht heißen, dass solche Studien grundsätzlich Humbug sind. Sie müssen allerdings sorgfältig durchgeführt werden. Und sie sollten nicht zur Bestätigung einer bereits vorgefassten Meinung angefertigt werden, ganz im Gegenteil. Beides scheint mir bei der UBA-Studie ein wenig vernachlässigt worden zu sein. Man muss wirklich nicht studiert haben, um zu erkennen, dass in der Diesel-Auseinandersetzung Wissenschaft und Voodoo verdammt eng aneinander bauen. Der Laie sollte deshalb nicht verzagen und munter die einfachen Fragen stellen. Und sich dabei mit dem weltberühmten Biochemiker Erwin Chargaff trösten, der ausdrücklich ein „Lob des Laien" verfasste. Schließlich sei, so meint er, „in einer zunehmend verfachlichten Welt jedermann ein Laie, wenn manchmal auch nur zu 98 Prozent". Chargaff brillierte im Übrigen mit der zwingenden Logik: „Fachmann ist man meist nur wenige Jahre. Laie aber das ganze Leben lang." Sofern man nicht vorzeitig abgelebt worden ist.

Freiheit und Abenteuer

Die Autobahn-Semmel

Meine Stammstrecke Augsburg-Berlin schaffe ich nur mit Tankpause. Das liegt an meinem alten Volvo, der durstiger ist als das übrige Leichtmetall, das heute unter der Bezeichnung Automobil herumfährt. Damit es nicht langweilig wird, tanke ich jedesmal woanders. Das Benzin ist ja überall das gleiche: Super bleifrei, bitte kein E10, wir sind Karnivoren.

Und damit komme ich auf den Kraftstoff, der dem Reisenden selbst dargeboten wird. In der Glastheke neben der Kasse liegt stets eine Kollektion erlesener Autobahn-Semmeln. Wenn Sie aus dem Rheinland kommen, dann können Sie auch Autobahn-Brötchen sagen, Berliner nennen es wohl Autobahn-Schrippe. Als Bewohner Bayerns bestehe ich allerdings auf Autobahn-Semmel.

Die Autobahn-Semmel entsteht nach einem geheimnisvollen Norm-Verfahren, das sie überall gleich aussehen und gleich schmecken lässt. Ihr Verbreitungsgebiet reicht mittlerweile über Deutschland hinaus. Im Osten kann sie bis kurz vor Warschau angetroffen werden, im Süden bis zum Brenner, im Westen bis kurz hinter Saarbrücken. Im Norden ist der Übergang zur Fisch-Semmel fließend.

Die Autobahn-Semmel zeichnet sich dabei durch eine längliche Form ab, die entfernt an einen Hotdog erinnert. Die Semmel ist stets von blassem Teint, so, als habe sie 14 Tage Urlaub in Draculas Gruft gemacht. Der Graf war bekanntlich in Rumänien ansässig, sein Wirken konnte also nicht durch den Mindestlohn beeinträchtigt werden. Irgendwo muss es begabte Tagelöhner geben, die den Teig für die gemeine deutsche Autobahn-Semmel nach einer backtechnisch ausgefeilten Rezeptur herstellen. Ich tippe auf eine Mischung aus recyceltem Schaumstoff von Geräte-Verpackungen mit einer Prise Weißmehl.

Um die Blässe der Autobahn-Semmel ein wenig aufzuheitern, kommen wahlweise grüne Gurkenscheiben oder ein überbordendes Salatblatt hinzu, als optisches Highlight mitunter auch einige Scheiben von gekochtem Ei. Das Herz der Autobahn-Semmel besteht wahlweise aus gekochtem Formschinken oder Form-Käse. Ich hoffe, für den Formschinken sterben keine Tiere, sie würden nämlich umsonst sterben. Ganz einfach, weil es geschmacklich keinen Unterschied zum Käse gibt. Das ist wie in der Politik: Egal, was man wählt, man kriegt immer das Gleiche. Unentschlossene greifen daher meist zu Formschinken mit Käse, gewissermaßen zur großen Koalition.

Zu ihrer vollen Geschmacksblüte verhilft der Autobahn-Semmel jedoch eine stets gleiche Mayonnaise beziehungsweise Salatcreme, die anstelle von Butter oder Margarine eingesetzt wird. Dies hat gesundheitliche Gründe. Aufgrund zahlreicher Lebensmittel-Zusatzstoffe ersetzt eine Autobahn-Semmel die Grippe-Schutzimpfung, gerade für ältere Mitbürger empfiehlt sich daher der regelmäßige und vorsorgende Verzehr von Autobahn-Semmeln.

Das Geschmackserlebnis ähnelt zum Auftakt dem einer Wärmedämmplatte aus Styropor in Kombination mit kaltem Wasser (Gurke, Salatblatt). Dann kommt der Belag zum Tragen mit einem sympathischen Hauch von rutschfester Gummimatte, mit einem Top von Nitrofen (Ei). Im Abgang hallt dann ein leichter Zitronengeschmack nach, am ehesten einem Erfrischungstuch vergleichbar.

Ab und zu brauche ich ein wenig Abwechslung, dann beauftrage ich das Navigationsgerät, mir eine einsame Tankstelle in Dunkeldeutschland zu suchen. Dort sind noch Verköstigungs-Stationen aufzufinden, die den robusten Charme einer Kantine der Nationalen Volksarmee ausstrahlen. Und dort gibt es keine Autobahn-Semmeln. Stattdessen wird noch die gute alte Bockwurst mit Senf offeriert. Auch die kann ich nur empfehlen, weil sie so kommunikativ ist. Die letzte sprach mit mir von kurz hinter Leipzig bis kurz hinter Nürnberg. Eine Unterhaltung, die ich eindeutig dem Radio-Programm des MDR vorziehe.

Karussell mit Hendrika

Haben Sie schon mal einen Reisebus eingeparkt? Ich auch nicht. Aber so was Ähnliches. Nur deutlich größer. 17 Meter lang. So schwer wie ein Leopard-Panzer. Ist aber zuverlässiger als die Bundeswehr. Und das seit über 100 Jahren. Ich will den Leser nicht allzu sehr auf die Folter spannen und verrate schon mal: Man kann damit segeln. Nein, es ist keine Transall-Maschine der Luftwaffe, die haben erst rund 60 Jahre auf dem Buckel. Die bekannteste heißt übrigens Else und flog bisweilen die Ursula durch die große, weite Welt. Jetzt wird die treue Maschine nach 12.872 Flugstunden und 14.121 Landungen ausgeschlachtet. Schnief. Ob es eine Luftwaffe nach Else gibt, gilt unter Fachleuten als unwahrscheinlich.

Das Gerät, um das es hier geht, heißt jedoch nicht Else, sondern Hendrika. Es kann auch nicht fliegen, dafür aber schwimmen. Es handelt sich um eine Tjalk und ist ein historischer holländischer Wattensegler für flache Küsten- und Binnengewässer. Es wurde für Transporte aller Art eingesetzt und befördert Autor Manfred Haferburg durch Friesland (Roman „Wohn-Haft").

Da wir die Vorherrschaft auf sämtlichen Weltmeeren anstreben, übt Haferburg schon mal auf dem Sneekmeer. Also begaben sich die Generalinspekteure Henryk M. Broder und Dirk Maxeiner zu einem Truppenbesuch nach Friesland. Manfred Haferburg trat vollzählig an und beförderte uns in einen winzigen Hafen mit angeschlossener Kneipe.

Dort mussten wir parken oder besser: Anlegen. Dazu muss man wissen: Hendrika in ihrem Lauf, hält weder Ochs noch Esel auf. Deshalb bedarf es seherischer Fähigkeiten und einer gewissen Vorahnung für den Kurs, den Hendrika einzuschlagen gedenkt. Hilfreich sein können auch sogenannte „präkognitive Träume". Allerdings meint Wikipedia: „Ein Problem von präkognitiven Träumen ist, dass sie in der Regel erst im Nachhinein als solche erkannt werden und somit nicht als Voraussagen angesehen werden können."

Mit Hilfe engagierter Niederländer, die Taue an Land auffingen, gelang es der Mannschaft schließlich, das Schiff fest auf der rechten Seite des Hafens zu vertäuen. Wer ein solches Landemanöver mit einer Mannschaft namens Broder und Maxeiner überstanden hat, wird übrigens schlagartig zum Anhänger von Law and Order.

Hendrika erschüttert das alles nicht, sie war auch in ihrem ursprünglichen Leben ein Vergnügungsdampfer. Auf ihrem Deck thronte ein Kinderkarussell, mit dem der Eigner über die friesischen Kanäle von Dorf zu Dorf tingelte. Da fliegen dem Passagier die Assoziationen gleichsam mit dem Wind zu. Jedenfalls schaute ständig die Politik durch die Luke.

Der früheste Bericht über Karusselle stammt aus dem ehemaligen Osmanischen Reich. Später im Mittelalter wurden damit auch Ritter trainiert. Sie nahmen außen auf dem Karussell Platz und mussten versuchen, die um das Karussell angeordneten Ringe mit ihrer Lanze zu durchstechen. Da die meisten Menschen Rechtshänder sind und deshalb die Lanze in die rechte Hand nahmen, drehten sich diese Karusselle entsprechend stets gegen den Uhrzeigersinn. Auch heute noch drehen die meisten Karusselle links herum.

Seit ich mit dem Kinderkarussell links herum gefahren bin, weiß ich, dass alles außerhalb dieses Kreises rechts liegt. So läuft das seit Jahrzehnten in der deutschen Politik. Es dreht sich ein Karussell aus Lichterketten, Peace-Fahnen, Palästinensertüchern und Willkommens-Bärchen links herum im Kreise. Wer da nicht aufspringt, so viel ist sonnenklar, muss zwangsläufig rechts stehen. Das Karussell ist prima besetzt. Politiker, Medien, Gewerkschaften, Verbände, Kirchen und Nicht-Regierungsorganisationen klammern sich an den besten Plätzen fest. Besonders beliebt ist die rote Feuerwehr, die sich bimmelnd im Kreis dreht und deren Besatzung ständig ruft: Gefahr von rechts, Gefahr von rechts! Denn rechts, da lauern die Brandstifter.

Als Kind bin ich auch immer gerne mit der Feuerwehr gefahren. Oder dem Polizeiauto. Wahlweise auch mal Hubschrauber oder Sputnik geflogen. Pferde und Schwäne mochte ich nicht, da saßen die Mädchen drauf. Das sortierte sich sozusagen von selbst. Heute würde man sagen: Fehlgeleitete Eltern oktroyierten ihrer Brut vorgefasste Karussell-Rollenbilder auf. Der Unisex-Feuerwehrschwan wird ein kleiner Schritt für das Schaustellergewerbe sein und ein großer für die Menschheit.

Ich erinnere mich auch noch daran, wie konzentriert ich das Lenkrad des Feuerwehrautos bewegte. Ich wusste ja nicht, dass es dem Karussell völlig wurscht war, in welche Richtung ich lenkte. Das war gewissermaßen eine frühe politische Erfahrung. Ist seitdem nicht besser geworden. Egal, was ich wähle, das Karussell dreht sich ungerührt weiter links herum.

Tröstlich, dass es den 709 Bundestagsabgeordneten offenbar nicht viel besser ergeht. Und nicht nur denen, sondern der ganzen Nomenklatura, die die linksdrehende Politiksäure anrührt. Die Herrschaften fahren nämlich Kettenkarussell, nur wissen sie es noch nicht.

Und zwar auf eine ganz besondere Weise. Als Sinnbild dafür wird gerne eine Episode zitiert, die sich auf einem Volksfest abgespielt haben soll. Eine Gruppe angeheiterter Besucher bestieg nach einer Zechtour zu mitternächtlicher Stunde ein verlassenes Kettenkarussell. Einer setzte das Fahrgeschäft mit einem Hebel in Bewegung und sprang als Letzter auf. Juchzend drehte sich die Runde immer schneller im Kreise – bis ihnen klar wurde, dass sie das Karussell nicht mehr anhalten konnten.

Der Schausteller fand die Besatzung am nächsten Morgen benommen kreisend vor. So setzt der Mensch immer wieder Bewegungen in Gang, die er nicht mehr zum Stillstand bringen kann. Das gilt offenbar für die Innen- und Zuwanderungspolitik genauso wie für die Eurorettung. Es ist ein gleichsam autokatalytischer Prozess in Gang gekommen, aus dem niemand aussteigen kann. Jemand der den Strom abschaltet, kann offenbar nur von außen kommen. Wäre ja nicht das erste Mal.

Bayreuth, zweimal Holzklasse

Ehrlich gesagt, würde mich freiwillig niemand nach Bayreuth bringen. Und doch hatte ich in den letzten beiden Jahren gleich zweimal das Vergnügen. Einmal, weil ich Zeuge eines Unfalls auf der Autobahn wurde und vor Gericht geladen war. Und das zweite Mal, weil mich ein beruflicher Auftrag zu den Wagner Festspielen verschlug, die jedes Jahr Ende Juli – und dies meist unter Teilnahme der Bundeskanzlerin – zelebriert werden.

Um es gleich vorweg zu sagen: Die Bestuhlung im Amtsgericht und im Festspielsaal oben auf dem Hügel ist von jeweils hölzerner Qualität, wobei das Gericht ein deutliches Komfortplus bietet. Richard Wagner wählte als Bestuhlung harte und schmale Holzklappstühle der dritten Klasse, die so dicht gestaffelt sind, dass der Atem des Hintermanns stets spürbar bleibt. Wer sich in diesem Ambiente etwa der Götterdämmerung hingibt (rund sechs Stunden mit Pausen), verbringt eine physische Leistung, die der eines Transatlantikfluges auf einem Nagelbrett entspricht. Das passt zu einem Satz, der vom ollen Wagner überliefert ist: „Deutsch sein, heißt Dinge um ihrer selbst willen zu tun."

Seit ich das weiß, verwundert mich nichts mehr, was unsere Bundeskanzlerin tut. Angela Merkel ist Wagnerianerin, und dieser Spezies ist prinzipiell alles zuzutrauen. Sie hat in Bayreuth ihr endemisches Habitat und tritt entsprechend konzentriert auf. Erkennungszeichen ist ein zwischen festlich und skurril changierendes Outfit sowie ein unter dem Arm getragenes Sitzkissen. Das Kissen dient, der Leser ahnt es bereits, zur Polsterung der harten Stühle. Ob so ein Teil auch beim Amtsgericht Bayreuth eingesetzt werden darf, weiß ich nicht. Zumal Angeklagte ja erst im Falle der Verurteilung vergleichbar lange sitzen müssen. Oben auf dem Hügel tun sie es freiwillig, zumindest solange Angela Merkel nicht anfängt zu singen.

Hinzu kommt, dass eine hübsche Gerichtsverhandlung mit den Tatbeständen der Verkehrsgefährdung, Nötigung und Beleidigung im Vergleich zu Wagners Ringparabel von außerordentlicher Kurzweil ist. Ich weiß, ich mach mir gerade mächtig Feinde, habe aber heute irgendwie Bock darauf. Wo bleibt das Positive? Hier: Beim Bau seines Festspielhauses achtete der olle Wagner in erster Linie auf eine herausragende Akustik, die weltweit ihresgleichen sucht. Das fiel mir sofort auf, besonders bei dem Stück, das Wagner aus „Apokalypse Now" geklaut hat. Ansonsten verlangte er von seinem Publikum Leidensfähigkeit. Vergleichbares erwarten in heutigen Zeiten allenfalls die Grünen von ihren Wählern.

Es hätte seinerzeit durchaus die Möglichkeit bestanden, die Spielstätte mitten in München zu errichten. Aber der Gedanke, seine Musik womöglich zwischen einem großstädtischen Einkaufsbummel und einem gepflegten Abendessen servieren zu müssen, war ihm zuwider. Der Meister wollte, dass seine Jünger zu ihm pilgern, ausschließlich und alleine um der Musik willen, fernab jeder trivialen Zerstreuung. Approbierte Kulturbanausen wie ich sind im Wagner'schen Konzept nicht vorgesehen. Und doch massieren sich heute die prekären Massen vor dem Festspielhaus, man frönt der zeitgenössischen Mode des Promi-Spotting.

Anstatt einer schnöden Klingel signalisiert ein Posaunenchor auf dem Balkon den Beginn der Vorstellung. Das ist dann wieder so ähnlich wie beim Anpfiff eines Spiels des FC Bayern gegen Dortmund. Neben der Holzklasse gibt es auf dem Hügel übrigens auch einen Heiligen Stuhl. Er ist für die Dirigenten reserviert. Ein Probesitzen auf dem Ding ist für irdische Personen absolut verboten, nur Weltstars dürfen sich darauf niederlassen. Die Dirigenten gehen ihrer Tätigkeit wegen der permanenten Überstunden abwechselnd im Sitzen und im Stehen nach. Über Schläuche wird ihnen Luft zugefächelt. Fürs Publikum verfügt das Festspielhaus über keine Klimaanlage. Vermutlich war es Richard Wagners letzter Wunsch, die Festspiele deshalb im Hochsommer zu veranstalten.

Siehst du die Fledermäuse?

Theo sieht aus wie ein netter junger Mann, der keiner geregelten Arbeit nachgeht. Zwar ist er ein begabter handwerklicher Autodidakt, der sich obendrein gut mit Computern auskennt. Dies befähigt ihn also durchaus dazu, seinen Lebensunterhalt selbst zu bestreiten. Er besteht aber darauf, das nur dann zu tun, wenn er es für notwendig hält. Kurz: Theo ist ein freier Unternehmer mit einem festen Kundenstamm, zu dem auch ich gehöre. Er ist mir außerdem sympathisch, weil er altersgemäß links ist und gleichzeitig äußerst staatsferne Ansichten vertritt – ohne dass er dies jemals so nennen würde. Und deshalb ist er nie langweilig.

Neulich galt es, ein voluminöses Schlafsofa zu zerlegen, in den ersten Stock zu transportieren und dort wieder aufzubauen. Wie immer bei solchen Aktionen ging irgendetwas kaputt und Theo musste im Baumarkt ein paar Schrauben holen. Da er kein eigenes Auto hat, warf ich ihm den Schlüssel meines alten Volvo Kombi, Baujahr 1989, zu. Der ist so ein Mir-ist-alles-egal-Auto, ein bisschen Rost, selten gewaschen, auf der Ladefläche liegen ein paar leere Pizza-Schachteln rum. Vom Vorbesitzer habe ich eine Nummernschildumrahmung geerbt, auf der klein, aber gut lesbar steht „katholisch". Theo stieg in dieses Auto und ward nicht mehr gesehen. Eine Stunde verging, zwei, drei. Nach vier Stunden rollte er schließlich wieder auf den Hof. Was war geschehen?

Eine Theo entgegen kommende Polizeistreife hatte ihn erspäht und sich offenbar sofort in ihn verliebt. Jedenfalls legten sie einen entschlossenen U-Turn hin und zogen den katholischen Volvo samt Theo aus dem Verkehr. Die beiden jungen Beamten, mehr oder weniger im gleichen Alter wie Theo, waren aus irgendeinem Grund der festen Überzeugung, Theo sei vollkommen zugekifft oder gar Schlimmeres. Dem war aber nicht so, Theo war so clean wie eine ungeöffnete Packung Tempotücher. Das half ihm aber nichts: Erst nach dem Vollzug von allerlei Untersuchungen und dem Besuch der Wache entließ man ihn unwillig wieder in die freie Wildbahn.

Theo ist seitdem der festen Überzeugung, dass mein Volvo in Verbindung mit seiner Person ein schlechtes Karma hat. Da ist was dran, schließlich bin ich noch nie ohne Grund aus dem laufenden Verkehr gezogen worden. Die Kombination älterer Herr mit älterem Volvo ist offenbar unproblematisch, weil hier zwei stimmige Charaktere der Dämmerung entgegenfahren. Das interessiert junge Wachtmeister offenbar nicht.

Ganz anders wirkt ein alter Volvo in Kombination mit einem jüngeren Herren mit dicker Sonnenbrille, Zigarette im Mundwinkel und leicht abfälligem Gesichtsausdruck. Inwieweit die Aufschrift „katholisch" eine Rolle spielt, vermag ich nicht zu sagen. Der Gesamteindruck entfaltet auf rechtschaffene Menschen offenbar eine leicht provokante Wirkung, so als ob jemand auf die Heckklappe in großen Lettern „Leckt mich am Arsch" geschrieben hätte. Für die Ordnungshüter stand jedenfalls fest: Hier kann es sich offenbar nur um ein mobiles Drogendepot während der Auslieferungsfahrt handeln.

Als das Sofa zusammengebaut war, haben Theo und ich uns erst mal draufgesetzt und ein Bier aufgemacht. Wir sind dann sehr schnell darauf gekommen, dass Drogen und Sucht kulturell eine enge Verbindung zum Automobil aufweisen, weil beide gleichermaßen als Fluchthelfer gelten. Dafür reicht ein kleiner Ausflug in Roadmovies und Kultfilme. Die Polizei spielt darin stets die Rolle des vernagelten Stinkstiefels, was Theo zu der Bemerkung veranlasst: „Die waren zu oft im Kino und haben das wohl verinnerlicht."

In „Vanishing Point" („Fluchtpunkt San Francisco") liefert sich ein Ex-Rennfahrer auf Amphetaminen mit einem frisierten

Dodge Challenger ein Rennen gegen die Zeit. Das Ganze unterlegt mit 60er-Jahre-Musik von DJ „Souper Soul", der verrät, wo die Cops lauern. Amphetamine nennt man übrigens auch Speed. Der Hauptdarsteller Kowalski wettet, dass er es innerhalb von 15 Stunden mit seinem Dodge von Denver nach San Francisco schafft. Eine ganze Nation fiebert mit dem „letzten amerikanischen Helden", während er eine Straßensperre nach der anderen durchbricht. Über das Ende sei so viel verraten: Der Regisseur wollte mit dem explodierenden Dodge das Eintreten von Kowalski in eine andere Welt darstellen. Ist ihm auch gelungen: Passender Soundtrack für Nachahmer: The Doors: „Break on through to the Other Side".

Von Hunter S. Thompson, dem Autoren des später verfilmten Buches „Fear and Loathing in Las Vegas", ist das Zitat überliefert: „Wir hatten zwei Beutel Gras, fünfundsiebzig Kügelchen Meskalin, fünf Löschblattbögen extrastarkes Acid, einen Salzstreuer halbvoll mit Kokain und ein ganzes Spektrum vielfarbiger Upper, Downer, Heuler, Lacher ... sowie einen Liter Tequila, eine Flasche Rum, eine Kiste Bier, einen halben Liter unverdünnten Äther und zwei Dutzend Poppers. Den ganzen Kram hatten wir in der Nacht zuvor zusammengerafft, auf einer wilden Höllenfahrt durch den gesamten Los-Angeles-Bezirk; von Topanga bis Watts griffen wir uns alles, dessen wir habhaft werden konnten. Nicht, dass wir das ganze Zeug für den Trip wirklich brauchten, aber wenn man sich einmal darauf einlässt, eine ernsthafte Drogen-Sammlung anzulegen, neigt man eben dazu, extrem zu werden."

Peter Fonda und Dennis Hopper, die Helden von „Easy Rider", sind durch Kokainschmuggel zu Geld gekommen. Davon kaufen sie zwei Harleys und fahren los. Zeit spielt keine Rolle, und so wirft Fonda seine Uhr in den Wüstenstaub. Schon nach sechs Schnitten im Film gönnen sich die beiden ihre erste Nase Koks.

Und Steppenwolf dröhnt: „Born to be wild." Als die beiden Biker aus dem Knast kommen, ziehen sie erst mal eine Flasche Whiskey rein. Weil Motorradfahren allein langweilig ist, haben sie ein bisschen Gras und LSD im Gepäck. Das Betäubungsmittelgesetz stuft LSD als nicht verkehrsfähig ein, was Dennis Hopper und Peter Fonda aber irgendwie nicht mitgekriegt haben. Sie werfen es mit zwei Prostituierten auf dem Friedhof von New Orleans rein. Prinzipiell eine lustige, aber letztendlich doch eine schlechte Idee: Es folgt ein Horrortrip. Der Zuschauer erlebt es dank verwackelter Super-8-Bilder stilecht mit.

Mit dem Erscheinen von „Thelma & Louise" wurde klar: Frauen können Auto fahren, schießen, saufen und am liebsten alles zusammen. Auch war klar: Frauen sind zu Großartigem fähig: Raubüberfall, Polizisten-zum-Weinen-bringen und LKWs-in-die-Luft-sprengen. Irgendwann hört man auf zu zählen, wie viel Schnaps-Shots sich die Mädels am Steuer reinhauen. Aber mit irgendwas müssen sie ja ihre Taten kompensieren. Auf der Flucht vor dem Gesetz quer durch den amerikanischen Westen zeigt sich, dass Männer echte Arschlöcher sein können. Besonders Brad Pitt: Der klaut den Mädels nämlich ihre Kohle. Die Handlungen gegen das männliche Geschlecht sind also gerechtfertigt. Nur das Ende des Films wird dem Ford-Thunderbird-Fan ein Dorn im Auge sein. Hätten sich die beiden Mädels denn nicht ohne ihr Auto in den Grand Canyon stürzen können?

Doch es gibt noch einen ganz anderen Ansatz zum Thema Roadmovie und Suchtverhalten. Keine Branche hat mehr Roadmovies gedreht als die Pornoindustrie. Titel wie „Gib Gummi Junge!", „Hot Ass-phalt" und „Ölwechsel" setzen internationale Maßstäbe. Das längst verblichene Magazin „Motoraver" unterzog das Genre sogar einem ausführlichen Test, was die Jungs sofort auf den Index für jugendgefährdende Schriften beförderte. Und damit schließt sich der Kreis: Im Volvo Kombi finden laut einer

Umfrage des britischen Autoversicherers „Yes Insurance" mehr sexuelle Begegnungen statt als in jedem anderen Autotyp. Theo ist das aber vollkommen egal: „Ich rühr das Ding nicht mehr an."

Zum Niederliegen

Für meinen Urlaubsort Peschici sprachen in erster Linie zwei Umstände. Erstens: Hier ist man absolut sicher vor evangelischen Kirchentagsbesuchern. Die Gegend ist doch sehr katholisch. Außerdem liegen 1.708 Kilometer zwischen Brandenburger Tor und Castello die Peschici, Letzteres übrigens mit einer sehr hübschen Ausstellung von Folter-Instrumenten aus der Zeit der Hexenjagd und Inquisition. Und zweitens: Die Einwohner von Peschici vertrauen nicht auf den Herrgott alleine, das hat sich ja immer wieder als riskant erwiesen. Am 31. Oktober 1998 gewann eine Tippgemeinschaft von 99 Spielern im Lotto die Rekordsumme von 63 Milliarden Lire (32 Millionen Euro). In Italien ist „Peschici" seitdem ein Synonym für unverhofftes Glück.

Nicht sicher ist man vor einer Art von „Bestager"-Ehepaaren, die man aus der Werbung für Treppenlifte und elektrische Fernsehsessel kennt. In der Vorsaison bevölkert dieser relativ fitte Personenkreis kleinere Landhotels mit leichtem Öko- beziehungsweise Slowfood-Touch. Sie treten mittlerweile in sämtlichen europäischen Sprachen auf und sind an gehobener Funktionskleidung zu erkennen. Eine meiner Lieblingsbeschäftigungen besteht darin, diese Paare zu kategorisieren und in mein ganz persönliches Bestiarium einzuordenen. Ein Bestiarium, lateinisch bestia, „(wildes) Tier", ist laut Wikipedia eine mittelalterliche Tierdichtung, die moralisierend tatsächliche oder vermutete Eigenschaften von Tieren, auch Fabelwesen, allegorisch mit der christlichen Heilslehre verbindet.

Meine Frau pflegt meine entsprechenden Bemerkungen mit der Antwort zu quittieren: Schau doch mal in den Spiegel, wir sehen exakt genauso aus. Womit sie leider vollkommen recht hat. Beim Abendessen habe ich fünf geklonte Versionen unserer kleinen Lebensgemeinschaft gezählt, eine aus Deutschland, eine aus der Schweiz, eine aus Frankreich und zwei aus Italien. Alles nette Leute, echt jetzt. Kein einziges Smartphone beim Abendessen. Einer hat mich sogar nach meinem alten Volvo gefragt und mir erzählt, dass er auch so einen hatte. Ansonsten sind aber alle zum Wandern da. Mit richtig gedruckten, dicken Reiseführern und ja (!) Landkarten. Gargano ist ja ein Naturschutzgebiet. Ich bin der Meinung, dass es das auch bleiben soll und halte mich von derartigen Aktivitäten fern.

Mein Platz ist die Liege am Pool. Da bin ich wenigstens allein. Wenn man mal von Magda, der Hündin des Besitzers absieht. Von der kann man echt lernen. Etwa jede Stunde sucht sie sich je nach Sonnenstand und Windverhältnissen einen anderen Stamm-Liegeplatz. Dann lässt sie sich mit einem vernehmlichen Schnaufen auf den Boden fallen. Richtig wach wird sie eigentlich nur, wenn sie abends ihr Fressen kriegt. Und genauso geht's mir auch.

Wenn ich auf dem Bauch liege, beobachte ich die Ameisenstraße unter mir. Wenn ich auf dem Rücken liege, die über mir. Am Himmel scheint die Flugroute von Rom nach Istanbul und weiter nach Fernost zu sein, alle paar Minuten zieht ein Flieger dicke Kondensstreifen durchs Azurblau. Ansonsten bin ich auf akkustische Wahrnehmungen zurückgeworfen. In der Nachbarschaft krähen mehrere überambitionierte Hähne um die Wette, wir sind hier schließlich auf dem Land. Ich weiß nicht, warum mich diese Hähne an Politiker erinnern, aber ich bin sicher: Wenn Hähne twittern könnten, würden sie es tun.

Ab und zu sorgt die Köchin für etwas Unterhaltung, dann kommt sie mit einer Schere, holt eine Zitrone vom Baum oder einen Rosmarin-Zweig aus der Pool-Hecke. Ich wusste gar nicht, dass Rosmarin sich zu so riesigen Hecken auswächst. Die versperrt die Sicht auf die Via Libetta, die sich am gegenüber liegenden Hang hochschlängelt. Mit ihren Kurven und Spitzkehren sieht sie aus wie eine Sonderprüfung der Rallye Monte Carlo.

Und als solche wird sie von den Einheimischen auch aufgefasst. Besonders beeindruckt hat mich ein dreirädriger Piaggio-Ape-Transporter, wie sie wegen der engen Gassen in der Altstadt beliebt sind. Diese Arbeitstiere brüllen bergauf wie ein Kleinkind, dem man den Schnuller weggenommen hat. Und bergab wie ein Blecheimer, der die Treppe runter fällt. Sie transportieren sogar ausgewachsene Schrankwände. Das weiß ich, weil sich einmal ein solches Möbel bergab in der Spitzkehre in ein Flugobjekt verwandelte, das erst von der nächstgelegenen Rosmarin-Hecke aufgefangen werden konnte.

Gesehen habe ich das nicht, nur gehört, weil ich ja hinter der Hecke liege. Es war aber auch rein akustisch schon eine gelungene Vorstellung. Ansonsten kann ich den Linienbus schon von einem Lastwagen unterscheiden, der eine schaltet automatisch hoch, der andere mit einem ordentlichen Getriebe-Krachen, bevor die Drehzahl in einen mittelalterlichen Keller fällt. Die Straße ist steil und fordert vor allem bergab den ganzen Mann. Am Sonntag habe ich eine schwere Ducati gehört, deren Besitzer es bis unten kurz vorm Kreisverkehr in den vierten Gang geschafft hat, was auf diesem Sträßchen der doppelten Lichtgeschwindigkeit entsprechen dürfte. War bisher mein Tagesbester. Wenn man von jenem jungen Mann mal absieht, der zwar bergauf fährt, das aber immer auf dem Hinterrad balancierend. Das weiß ich, weil er mich einmal auf dem Nachhauseweg überholt hat. Er kommt jeden Abend vorbei, pünktlich um 19 Uhr, dann scheint er Feierabend zu haben. Das Ganze wird von einem fröhlichen Hupkonzert begleitet, ein Ausdruck persönlicher Anerkennung der übrigen Verkehrsteilnehmer. Ich weiß dann, dass es jetzt Zeit für einen Aperol wird, und Magda spitzt die Ohren. Gleich gibts Happi.

Im Tal der Achtsamkeit

Der Zufall wollte es, dass mich das Hobby eines Freundes an den Tegernsee verschlug. Peter möchte sich einen Oldtimer zulegen und sucht nach einem Rolls-Royce aus den achtziger Jahren. Die gibt's gebraucht gar nicht so selten, denn kein Mensch will sie haben, weil es im verklemmten Deutschland als etwas ordinär gilt, damit rumzufahren. Peter machte einen gebrauchten Silver Shadow, Baujahr 1980, ausfindig, hell- und dunkelgrün-metallic, für rund 20.000 Euro Kaufpreis. Standort: Rottach-Egern am Tegernsee. Das war uns eine kleine Reise wert.

Eine halbe Stunde südlich von München, vom Autobahn-kreuz Holzkirchen kommend, verdichtet sich ab der Ortschaft Gmund die Häufigkeit gut gepflegter Luxus-Automobile, vorzugsweise des Typs Porsche 911 oder Porsche Cayenne. Ohne Porsche ist man hier praktisch nackt. Aber es ist auch schon mal ein Rolls-Royce darunter, was in dieser schwerreichen Nachbarschaft allerdings als leicht degoutant gilt. Man gibt sich hier bescheiden und fährt unauffällig das, was alle fahren, eben Porsche. Der ist hier klassenlos, da kannst du nichts falsch machen.

Wir trafen den Verkäufer des Rolls-Royce vor dem Tegernseer Braustüberl. Der Mann trug eine Trachtenjacke und führte einen neurotischen Teckel sowie zwei künstliche Hüftgelenke spazieren. Wir hatten den Eindruck, dass auch der Rolls-Royce nicht mehr bei bester Gesundheit war und sahen vom Kauf ab. Es war aber trotzdem ein entspannter Plausch, die Gegend färbt gleichsam ab.

Der Himmel leuchtet hier besonders blau, das Tal besonders grün und der See lockt mit Trinkwasser-Qualität. Wallberg, Ringberg oder Söllberg ringsum haben nichts Bedrohliches an sich. Sie wirken vielmehr behütend. Ganz so, als habe sie der bayrische Innenminister zur Bewachung der am Fuße lebenden Multi-Millionäre und Milliardäre abgestellt. Der Blick auf diese Landschaft bewirkt einen gewissen Placebo-Effekt. Alleine vom Anschauen und Daranglauben geht es einem besser, sogar der waidwunde Rolls-Royce glänzte versöhnlich in der Sonne.

Die Frankfurter Allgemeine widmete dem Tegernsee unlängst eine große Reportage in der Reihe „Deutschland, deine Reichen". Galt die Landstraße zum Tegernsee bis vor einiger Zeit noch als Verlängerung des Ruhrschnellwegs, auf der sich die Industriebarone und Wirtschaftswunder-Größen der Nachkriegsära ein Stelldichein gaben, so sind heute Oligarchen und Fußballspieler aus dem nahen München hinzugekommen. Uli Hoeneß wohnt hier, auch Manuel Neuer hat sich über dem See ein Haus gebaut. Der Usbeke Alischer Usmanow leistet sich ebenfalls ein kleines Anwesen samt Bunker (und nebenbei den Londoner Fussballverein FC Arsenal).

Schon der Vater des westdeutschen Wirtschaftswunders, Ludwig Erhard, wohnte als Rentner am Tegernsee und blickt heute vom Bergfriedhof aufs Tal hinab. Auch der Pate des ostdeutschen blauen Wunders, Alexander Schalk-Golodkowski, fühlte sich hier wohl. In Rottach zehrte Genosse Amigo gelassen vom Reibach.

Der Gedanke, am Tegernsee Urlaub zu machen, hat etwas Gediegenes. Es wird sogar immer gediegener. Denn die Fernreise als Ausweis von Prestige taugt nicht mehr. Im Weltmaßstab betrachtet ist das Tegernseer Tal eine ziemliche Rarität: Keine Befreiungsfront. Keine Hochhäuser. Pünktlich, reich, sauber, schön. Einheimische mit festem Schuhwerk und origineller Sprache, die sogar entfernt an Deutsch erinnert. Funktionierende Müllabfuhr und Ringkanalisation.

Die Arbeitslosigkeit liegt gleichsam unter null, der Anteil der Biobauern ist höher als sonst irgendwo in der Republik, die Kriminalität einschläfernd niedrig. „Die Wahrscheinlichkeit, von Einbrechern ausgeraubt zu werden, ist in Nordrhein-Westfalen fünfzehnmal höher", brüstet sich die örtliche Polizei nach Auskunft der *Frankfurter Allgemeinen Zeitung*. Die Rolex muss der Gast höchstens deshalb verstecken, weil der Kellner Chopard trägt. „Selbst Flüchtlinge tragen hier Designer-Klamotten, abgelegte Markenware, pfleglich aufbewahrt in den Kellern des hilfsbereiten Bürgertums", begeistert sich die *FAZ*.

Mein Tipp: Fahren Sie dahin, solange es noch geht. Und nehmen Sie ein paar Butterbrote mit (aber nicht in Alufolie!). In den Imbissen gibt's eher Champagner und edles Meeres-Getier. Und wenn Sie da dreimal hingehen, können Sie sich auch gleich einen gebrauchten Rolls-Royce kaufen. Fahren Sie hin, bevor das Tal weggesperrt wird, wie unlängst Schloss Elmau beim G7-Gipfel. Setzen Sie sich unauffällig auf eine Bank und bestaunen die kunstgewerbliche Harmonie und die homogene Bewohnerschaft, wie sie der Bio-, Schlankheits- und Yoga-Achtsamkeit frönt. Der Unterschied zu Guantanamo besteht unter anderem darin, dass hier keiner raus, sondern alle rein wollen.

Ganz nah kommen Sie den großen Tieren übrigens auf dem öffentlichen Wanderweg von Bad Wiessee nach Gut Kaltenbrunn. Der führt nämlich mitten durch den Golfplatz. Der Hinweis „zügig durchqueren, Gefahr durch umherfliegende Golfbälle" stellt lediglich eine Empfehlung dar. Der Wanderer ist zwar nicht willkommen, aber geduldet, und kann im besten Bonzenlicht auf Promis ansitzen. Besonders am Wochenende grasen kapitale Leittiere, wie der ehemalige CDU-Hoffnungsträger Friedrich Merz oder Mercedes-Chef Dieter Zetsche. Ich empfehle als Ausrüstung ein Opernglas und eine bunte Illustrierte. Aber klauen Sie keine herumfliegenden Golfbälle, auch nicht als Souvenir. In Besitzfragen sind die Herrschaften heikel.

Gänzlich abzuraten ist auch von einer Exkursion, die ich bei meinem ersten Besuch vor einigen Jahren im Tal durchführte und die mir in ewiger Erinnerung bleiben wird. Der Dichter Ludwig Thoma hat sich auf der „Tuften" eine großbürgerliche Hütte bauen lassen, die man als Mutter aller Tegernseer Zweitwohnsitze bezeichnen kann. Und das wollte ich mir mal ansehen. Der Mann hat sehr lustige Sachen geschrieben, beispielsweise „Der Münchner im Himmel". Er hat auch weniger Lustiges abgesondert, beispielsweise üble antisemitische Pamphlete im *Miesbacher Anzeiger*.

Der Hinweis auf diesen Herrn und seinen Zweitwohnsitz fehlt in keinem Reiseführer, und in einem solchen war von einem „Museum" die Rede, „täglich geöffnet" und „kostenlos". Ich fand seinerzeit aber weder ein Schild noch sonst irgendwelche sachdienlichen Hinweise. Mühsam fragte ich mich durch und landete schließlich vor einem stattlichen Landhaus. Der Laubsäge-Balkon ist der gemeinsame Nenner der Tegernseer-Architektur, er fand Nachahmer vom Obersalzberg bis zu McDonald's in Rottach.

Die Villa war unverschlossen. Boden aus Fichtenbrettern, Kachelofen, Bauernstühle, urgemütlich. Aber die Kaffee-Maschine hätte mich stutzig machen müssen. Das Haus wirkte irgendwie bewohnt, ganz so, als sei Thoma nur mal eben zum Brötchenholen gegangen. Von da kam die Dame des Hauses schließlich auch zurück. Und sie hieß definitiv nicht Thoma. Ich war im falschen Haus. Zum Glück gab es dort keinen Gewehrschrank. Ich empfehle deshalb für die Besichtigung der historischen Stätte dringend telefonische Voranmeldung. Sie können natürlich auch jedes andere Haus besuchen, bitte aber auf eigene Gefahr.

Die Integration der Weißwurst

In meiner bayrischen Heimat befinden sich drei Kirchen in unmittelbarer Hörweite meiner Bleibe. Eine davon schlägt nicht nur die Stunde, sondern auch die Viertelstunde. Ich bin also stets bestens über die Uhrzeit informiert. Jede Gegend hat ihren eigenen Sound, und er setzt sich beim Menschen früher oder später im Unterbewusstsein fest. Einfach gesagt: Ich höre die Glocken gar nicht mehr, weiß aber stets, wie spät es ist.

Derzeit bin ich aber nicht zuhause, sondern im fernen Los Angeles. Dort bewohne ich ein kleines Holzhaus aus dem Jahre 1910. Mit ihren Erkern, Gauben und Holzsäulen sehen die Häuschen ein bisschen aus wie zu heiß gewaschene Neuschwansteins für den Privatgebrauch. Besonders schätze ich die überdachte kleine Veranda vor dem Haus, auf der zwei Sessel stehen. Da setze ich mich in der Abendsonne hin und ziehe krachend eine Dose Bier auf.

Der Hafen von Los Angeles ist nur eine halbe Meile entfernt, und die 14. Straße führt genau auf ihn zu. Schaut man die Straße hinunter, kreuzen am Ende keine Autos, sondern Schiffe. Ab und zu schiebt sich ein riesiger chinesischer Container-Frachter ins Bild und zieht an den niedrigen Dächern vorbei.

Die Nachbarn arbeiten hart, viele haben hier zwei oder drei Jobs. Die meisten sprechen spanisch, haben aber einen teutonischen Arbeits-Ethos. Spätestens zum Sonnenaufgang sind alle schon unterwegs. Ich weiß das, weil auch diese Straße einen eigenen Sound hat. Um Punkt 5:30 Uhr startet der gewaltige Ford Pickup von gegenüber. Sein blubbernder Sound kann es mit jedem Schiffs-Diesel aufnehmen. Der Besitzer bemüht sich, leise zu sein und gibt erst nach fünfzig Metern richtig Gas. Das ist herrlich, weil die Wände meines Holzhäuschens dann so gemütlich vibrieren. Wenn so gegen acht Uhr alle durchgestartet sind, legt sich dann eine verschlafene Ruhe über die Straße, und man hört die Vögel zwitschern. Außer samstags: da werden um Punkt 8 Uhr die Rasenmäher angeworfen, auch wenn der Rasen nur die Ausdehnung eines großen Badetuches hat.

Die Gentrifizierung in Form von Toyota Prius steht hier erst am Anfang. Weil es keine richtigen schweren amerikanischen Limousinen mehr gibt, sind die Leute auf Pickups und SUV umgestiegen, die dem Fahrtwind wie mittelalterliche Burgen trotzen und die kleinen Häuschen, vor denen sie parken, noch kleiner aussehen lassen. Die meisten verfügen nur über sehr rudimentäre Schalldämpfungs-Einrichtungen, der Sound ist eindeutig wichtiger als Komfort oder Straßenlage. Das ist eine sehr soziale Angelegenheit, weil ja alle etwas davon haben.

Der Nachbar zur Rechten hat einen weißen Chevrolet Monte Carloaus aus den späten siebziger Jahren konserviert und mit riesigen Streiträdern ausgerüstet. Das hat was von Ben Hur. Ich habe ihn noch nie damit fahren sehen, vielleicht will er den schönen Parkplatz direkt vor seinem Haus nicht aufgeben. Er lässt ihn aber jeden Nachmittag einmal warmlaufen. Am Schluss des Rituals gibt er dann einen kräftigen Stoß Vollgas. Der Monte Carlo heult auf wie ein Löwe in der Brunft und verfällt danach wieder friedlich knackend in seinen Dornröschen-Schlaf.

Auch die Polizei macht eindeutig die bessere Show als bei uns. Besonders nachts, wenn irgendwo was los ist. Dann donnert schon mal ein halbes Dutzend Ordnungshüter im Verband an der Veranda vorbei. Es blinkt und jault, als seien sämtliche Alarmanlagen der westlichen Hemisphäre auf einmal losgegangen. Gestern abend ergänzte der Polizeihubschrauber mit seinem Suchscheinwerfer die Aufführung. Kino braucht man hier eigentlich nicht. Besonders gut gefällt mir, dass die Leute das Spektakel komplett ignorieren. Du denkst, der dritte Weltkrieg ist ausgebrochen, und die tun so, als sei nix.

Meine Integrations-Leistung lässt zu wünschen übrig, sie besteht bisher im Wesentlichen darin, dass ich einen Barbecue-Grill im Vorgarten aufgebaut habe. In meinem Fall würde es noch nicht einmal helfen, mit den lokal verbreiteten kurzen Hosen herumzulaufen, die weit schlotternd übers Knie herunter reichen. Auch eine schräg aufgesetzte Kappe steht mir nicht wirklich. Ich sehe so deutsch aus wie Sauerkraut, egal, was ich anhabe. Jeder erkennt sofort, dass ich nicht von hier bin, was aber kein Nachteil sein muss.

Apropos Sauerkraut: Bei einem geselligen Abend für ein paar Bekannte erfreute genau das Deutsche: Sauerkraut und handgeschabte Spätzle, Wienerle und saure Linsen. Und natürlich Weißwürste. Alles andere wäre eine Enttäuschung gewesen. Kulinarisch habe ich mich dennoch weitergebildet: Einige Gäste bestanden darauf, die Weißwürste zu grillen. Zumindest die Integration der Weißwurst ist gelungen, ich selbst übe noch.

Fliegen mit Kapitän Söder

Seit ich als Kind Modellflugzeuge gebaut habe, interessiert mich alles, was fliegt. Manchmal träume ich sogar, dass ich fliege, wahrscheinlich, um mein schmähliches Versagen beim Erwerb eines Flugscheins zu sublimieren. Das ist wirklich suboptimal gelaufen, wie man auf Neudeutsch zu sagen pflegt. Bei der Tauglichkeitsprüfung für den Sportpilotenschein hielt mir der Arzt einen Behälter unter die Nase und fragte: „Wonach riecht das?" Vorsicht ist die Mutter der Porzellankiste, deshalb antwortete ich: „Nach Kerosin." Stirnrunzeln bei meinem Gegenüber im weißen Kittel: „Nein, das riecht nach Kaffee."

Ich versuchte, mich durch eine theoretische Betrachtung zu retten: Es sei doch irgendwie prima, wenn ein Pilot bereits auslaufenden Kaffee für Kerosin halte. Problematisch erschiene mir lediglich der umgekehrte Fall. Es hat nichts genutzt. Aufgrund weiterer körperlicher Gebrechen, darunter verschiedene Formen der Blindheit, wurde meine Pilotenkarriere unterbunden. Zusammen mit den anderen Blinden, Lahmen und Tauben bin ich seitdem auf den erdnahen Wochenendausflug beschränkt.

Womit wir bei Markus Söder wären. Die CSU in Bayern ist im Sinkflug, wie eine Boeing 747, die sich dem Franz-Josef-Strauß-Flughafen nähert. Doch bedauerlicherweise ist dort keine Landebahn mehr frei. Bei genauer Betrachtung handelte es sich also um einen kontrollierten Absturz. Flugkapitän Söder fährt jedenfalls schon mal die Landeklappen aus und macht die Fluggäste mit dem Gebrauch der Sauerstoffmaske vertraut.

Und mit Flugtaxis, die die bayrische Bevölkerung dann jenseits der tschechischen oder österreichischen Grenze in Sicherheit bringen können. Das könnte nach dem Vorbild der berühmten „Marne-Taxis" erfolgen, die 1914 französische Soldaten von Paris an die Front transportierten, um das Vaterland zu retten. Die

Münchner CSU hat sogar schon gefordert, den Hauptbahnhof für Flugtaxis vorzubereiten. Damit können die Verspätungen der Bahn dann mühelos aufgeholt werden. Sie treten damit die Nachfolge des Transrapid an, für den Edmund Stoiber den Münchner Hauptbahnhof vorbereitet hatte. Außerdem wird erwogen, einen Do 31 Senkrechtstarter, der im Dornier Museum in Friedrichshafen seinen Ruhestand verbringt, zu entmotten. Avanciertes Fluggerät mit staatlicher Unterstützung hat in Bayern eben eine gewisse Tradition.

Fliegende Autos sind ja seither der Traum skurril veranlagter Ingenieure, in den 50er-Jahren schwebten ganze Flotten davon durch die Science-Fiction-Literatur, gerne auch mit Atomantrieb. Bei den von Markus Söder und Staatsministerin Dorothee Bär so plötzlich entdeckten „Flugtaxis" handelt es sich bei genauer Betrachtung um große Drohnen, die auch einen Menschen transportieren können. Sie lernen überall auf der Welt das Fliegen, auch dort übrigens, wo es keine CSU gibt. Es gibt viele Verwendungsmöglichkeiten, nicht unbedingt als Taxi (und das schon gar nicht in Deutschland). Aber beispielsweise im Mess-, Transport- oder im Rettungswesen. Die letzte Erfindung, die in Deutschland vorbehaltlos begrüßt wurde, war allerdings das Farbfernsehen. Warum eine Politik, die gerade die Autoindustrie ruiniert, dieser gleichzeitig Flügel verleihen will, leuchtet jedenfalls nicht unmittelbar ein.

Die CSU-Drohnen sind deshalb wohl eher als fliegende Rettungsboote zu verstehen, die eine komatöse Partei aus den Niederungen der Flüchtlingspolitik dahin transportieren sollen, wo die Luft noch rein ist. Alternativ könnte Markus Söder auch auf die bewährte Technik des Heißluftballons zurückgreifen. Und bitte nicht Kaffee mit Kerosin verwechseln.

Gott und die Welt

Welches Auto fährt der Osterhase?

Welches Auto würde der Osterhase fahren? Zunächst einmal, da bin ich mir ganz sicher: Ein gelbes. Schließlich ist das Gelbe vom Ei gelb. Und nicht nur das. Gelb ist auch die Sonne und der Optimismus, also des sonnigen Gemütes. Gelb scheint wie das Licht immer von oben zu kommen. Das meine ich räumlich, nicht politisch. Politisch steht Gelb für den Geschmack des Sauren. Zitronen sind gelb. Und damit sind wir schon fast bei der Marke, die der Osterhase bevorzugt.

Der ADAC verlieh viele Jahre lang die Auszeichnung „Silberne Zitrone" für die unzuverlässigsten Autos. Die Deutschen lachten sich schlapp über die ausländischen Konkurrenten aus Frankreich, Italien oder England, die so oft mit geöffneter Motorhaube am Rande der Autobahn strandeten. Inzwischen hat sich das ein bisschen geändert. Zitronen bauen wir jetzt selbst, sie haben einen Dieselmotor und sind astrein zuverlässig. Allerdings nur theoretisch, praktisch müssen sie draußen bleiben aus der Stadt. Die Pannenstatistik wird heutzutage von der deutschen Regierung angeführt und bedauerlicherweise gibt es noch nicht einmal Notrufsäulen.

Für den Osterhasen ist ein Diesel also nix, schließlich müssen gerade die Großstädte mit Ostereiern beliefert werden. Die dort residierende urbane Bohème glaubt an den Osterhasen (und meistens auch an den Weihnachtsmann) und möchte diese Tradition an ihre Nachkommenschaft weitergeben. Mit einem Löffel steckt der Osterhase ja stets im heidnischen Wunderglauben, weshalb er bestens mit einer Waldorf-Erziehung und der Vereinbarung zur Großen Koalition harmoniert.

Außerdem ist er ein sympathischer Geselle und womöglich Franzose. Das erste Mal schriftlich erwähnt wird er angeblich von dem deutschen Wissenschaftler Georg Franck von Franckenau in dem Text „De ovis paschalibus", also „Über Ostereier", aus dem Jahr 1682. Darin beschreibt er, wie sich Menschen im Elsass und angrenzenden Gebieten die Geschichte erzählen, dass ein Osterhase Eier in Gärten versteckt. Nun gut, vielleicht ist der Osterhase auch nur ein Halbfranzose, die Deutschen und die Franzosen haben ja lange ums Elsass gestritten.

Auf jeden Fall ist der Osterhase ein Landei. Der Hase ist außerdem ein schnelles Tier, weshalb er es hinterm Steuer gemütlich mag. Der Osterhase fährt nämlich eine Ente, also einen Citroen 2CV, die meisten Franzosen sagen dazu „Deux Chevaux (zwei Pferde)", die Kölner „Zitrönsche", was tatsächlich ein wenig wie Zitrone klingt (die Marke bekam beispielsweise 1975 die Silberne Zitrone). Der 2CV hat ein großes Stoffdach, das sich aufrollen lässt wie der lange Sisal-Läufer im Hausflur, weshalb der Hase seine Ohren nicht anlegen muss. Ähnliches wird nur vom im vorigen Jahrhundert dahingegangen Volkswagen 411 kolportiert, der im Volksmund „Nasenbär" hieß und über zwei Löcher im Dach verfügte. Damit die Esel, die ihn fuhren, die Ohren durchstecken konnten, sagte man.

Die Konstrukteure des 2CV hatten den Osterhasen von Anfang an als Stammkunde im Auge. Der legendäre Citroën-Direktor Pierre-Jules Boulanger entdeckte auf einer Landpartie die eklatante Nicht-Motorisierung des französischen Bauernstandes und erteilte 1934 den Auftrag, einen minimalistischen Kleinwagen zu entwickeln. Die Anforderungen lauteten:

„Entwerfen Sie ein Auto, das Platz für zwei Bauern in Stiefeln und einen Zentner Kartoffeln oder ein Fässchen Wein bietet, mindestens 60 km/h schnell ist und dabei nur drei Liter Benzin auf 100 km verbraucht. Außerdem soll es selbst schlechteste Wegstrecken bewältigen können und so einfach zu bedienen sein, dass selbst eine ungeübte Fahrerin problemlos mit ihm zurechtkommt. Es muss ausgesprochen gut gefedert sein, sodass ein Korb voll mit Eiern eine Fahrt über holprige Feldwege unbeschadet übersteht. Auf das Aussehen des Wagens kommt es dabei überhaupt nicht an."

Das Endergebnis sah aus wie eine eingedrückte Wellblechgarage, unter die ein Scherzbold Räder montiert hatte. Der 2CV wurde nach dem Krieg im Jahre 1948 auf dem Pariser Salon präsentiert, ein wenig verschämt – so nach dem Motto: „Wenn es uns wieder besser geht, dann bauen wir ein richtiges Auto." Mussten sie aber nicht. Die Kritiken waren vernichtend, aber der Erfolg durchschlagend.

Das Ding wurde Citroën aus der Hand gerissen, bald gab es sieben bis acht Jahre Lieferzeit, Landwirte und kleine Gewerbetreibende wurden aus volkswirtschaftlichen Gründen bevorzugt. Für die Designer der Branche war die Ente hingegen eine disruptive Erfahrung: Es geht auch ohne sie. Das konnten sie natürlich nicht auf sich sitzen lassen. Sie schlugen protzig zurück und erfanden die Heckflosse.

Der Vergleich des kleinen Citroën mit einer hässlichen Ente ist übrigens nicht ganz zutreffend, denn in puncto Erscheinung und Verhaltensweise erinnert das hochbeinige Ding eher an einen Vogel Strauß. Der 2CV ist zwar nicht ganz so schnell, aber ähnlich geländegängig. Und wer wissen will, wie es sich anfühlt, so einen komischen Vogel zu reiten, der kann einfach mit einer Ente über den nächsten Acker brausen. Beide haben große Augen, aus denen dauerhaftes Erstaunen über sich und die Welt spricht.

Die Elastizität des Fahrwerks lässt die Ente ständig nicken, wanken und gieren, mitunter sogar im Stand (das fiel im vorigen Jahrhundert allerdings unter das Kapitel „widernatürliche Unzucht"). Die Ente bietet ein Gefühl von Geborgenheit, besonders wenn es regnet, der Wind pfeift und bläst und die Tropfen auf die Dachplane trommeln. Das Durchqueren einer Regenfront beschert Gefühle wie in einem lauschigen Stoffzelt während eines Gewitters.

Ich bin zwar kein Osterhase, habe aber auch einige Zeit hinterm Steuer einer Ente verbracht. So eine Ente ist immer eine Fahrgemeinschaft. Und zwar gleich zweifach. Es gibt eine innere und eine äußere Fahrgemeinschaft. Die innere, weil man grundsätzlich Anhalter mitnehmen musste, sonst hätte man sein Image als menschenfreundlicher Bohème ruiniert. Die äußere Fahrgemeinschaft wurde mit Lastwagen gebildet. Der Höchstgeschwindigkeit früher Enten wurde bei etwa 90 km/h vom Luftwiderstand natürliche Grenzen gesetzt, was gerade so ausreichte, um sich im Windschatten etwa 100 km/h fahrender Lastwagen zu halten.

Ich erinnere mich an einen spanischen Lkw, dem ich auf der Rhone-Autobahn von Lyon bis Montpellier in etwa 2 Metern Abstand folgte, was mir zu einer persönlichen Bestzeit auf dem Weg zu südlichen Gestaden verhalf. Ich musste aber höllisch aufpassen, um an Bergauf-Passagen nicht den Anschluss zu verlieren. Ich überlegte ernsthaft, ob nicht ein Anker ein sinnvolles Zubehör wäre, den man mit einem Tau durchs Rolldach über die hintere Stoßstange des Lkw werfen könnte. Seitdem habe ich jedenfalls Regel Nr. 1 für eine hohe Durchschnittsgeschwindigkeit auf der Autobahn verinnerlicht: Niemals anhalten.

Mit den 68ern wurde die Ente dann zum „Studentenauto" und erhielt eine politische Botschaft. Mit keinem Gerät ließ sich die Verachtung der bürgerlichen Konsumgesellschaft mit ihren Statussymbolen besser demonstrieren als mit dem kleinen Citroën. Ein alter Käfer taugte dazu zwar auch, aber der war KdF-mäßig vorbelastet. Die Passagiere der Ente umgab automatisch ein Flair von Baguette, Käse und Rotwein, obwohl es sich nicht selten um schwäbische Betriebswirtschaftsstudenten handelte, die heimlich von Maultaschen träumten. Heute sind sie längst in den Schoß von Daimler-Benz und Mutti Merkel zurückgekehrt.

Außerdem war der Citroën 2CV schon lange vor der Gründung der Partei ein grünes Vorzeigemobil. Das lag vor allem am geringen Verbrauch. Hinzu kam, dass die Ente komplett biologisch abbaubar war, sogar während der Fahrt. Den meisten Besitzern ist sie unterm Hintern weggerostet. Grün ist auch die Geräuschkulisse. Im Leerlauf rumpelt der kleine Boxermotor sonor wie Claudia Roth im Gespräch mit dem Dalai Lama. Mit steigender Drehzahl klingt es dann nach Claudia Roth in einem Disput mit Akif Pirinçci. Die Getriebegeräusche wiederum erinnern an Renate Künast bei einer Debatte über Dioxineier. Frohe Ostern!

Allah fährt Zwölfzylinder

Der Bundesdeutsche ist im Grunde eine coole Socke. Vielleicht ist er aber auch ein Simulant. Möglicherweise ist er auch beides. Jedenfalls beherrscht er die Kunst, sich mächtig über Dinge aufzuregen, die ihn in Wahrheit kaum kratzen. Beispielsweise den Diesel-Skandal. Es gibt da eigentlich nur zwei Parteien im Volke, die zunächst eine Gemeinsamkeit haben: Die Luftqualität am Stuttgarter Neckartor oder am Münchner Stachus interessiert sie nicht wirklich, warum auch. Es hat sich bis in tiefgrüne Kreise hinein das Erfahrungswissen verbreitet, dass in der Innenstadt niemand tot umfällt, zumindest nicht wegen der Atemluft. Immer mehr Leute wollen in der Stadt leben und dabei werden sie auch noch immer älter.

Und deshalb gibts in Sachen Diesel nur zwei relevante gesellschaftliche Strömungen: Die einen ärgern sich über den Wertverfall ihres neuen Diesel, die anderen freuen sich darüber. Der innere Schweinehund des Deutschen heißt nämlich Schnäppchenjäger. Und der wartet nur ab, bis er so einen in Ungnade gefallenen Diesel beim Volkswagenhändler seines Vertrauens für ein Butterbrot bekommt. Dann wird zugeschlagen, sind ja schließlich prima Autos, gegen die im Grunde niemand was hat, außer den Grünen. Liebe Grüne, ich rate zur Vorsicht: Elektroautos sind hierzulande genauso beliebt wie der Veggie-Day, mit dem ihr es beim letzten Mal versemmelt habt.

Man könnte gewissermaßen von einer Gentrifizierung der politischen Debatte sprechen. Das Wort beschreibt ja eigentlich den sozioökonomischen Strukturwandel bestimmter großstädtischer Viertel mit dem Zuzug zahlungskräftiger Eigentümer und Mieter und der Verdrängung derjenigen, die dabei nicht mitkommen. Die meisten Medienschaffenden und Politiker siedeln in diesem Milieu, sowohl örtlich als auch geistig. Da kann man Kreuzberg schon mal mit Deutschland oder gar der Welt verwechseln und auf die Idee kommen, die Mehrheit der Bundesbürger würde gerne mit Lastenfahrrädern durch die Gegend schaukeln.

Die aus aller Welt ins Land strömenden Jungmänner haben im Übrigen auch keine ökosoziale Utopie im Gepäck, sondern den Traum von einem ordentlichen AMG-Mercedes mit 700 PS, mindestens. Wer die Parkplätze vor den stilbildenden Shisha-Cafés im Wedding oder in Moabit inspiziert, kommt sich vor wie in der Boxengasse des Grand Prix von Monaco. Feldforschung schadet halt nie, vielleicht sollte die grüne Visionärin Simone Peter diesen Herren einmal ihre „solarintegrierten Elektromobile" vorstellen. Das ist ungefähr so, als würde man in einem katholischen Gottesdienst ein Präservativ aufblasen.

Ein Mann mit weniger als 500 PS wird hier angeschaut, als sei ihm ein wesentliches Geschlechtsteil abhanden gekommen. Die Kerle mögen ja für nix taugen, aber als nachhaltiger Kundennachschub für die deutsche Automobilindustrie sind sie einfach unschlagbar. Der Verbrennungsmotor steht offenbar unter dem Schutz Allahs, inklusive „Klappenauspuff mit Fernbedienung". Der widerspricht zwar der deutschen Zulassungsordnung, aber nicht dem Koran. Ich bitte die Integrationsbeauftragte der Bundesregierung, diesem Aspekt endlich Rechnung zu tragen – und die islamophobe Hetze gegen Acht- und Zwölfzylinder umgehend einzustellen. Wir brauchen eine Willkommenskultur für den tiefergelegten Teil der Bevölkerung, und zwar subito. Möglicherweise liegt hier eine Brücke zwischen Christentum und Islam, deshalb hier ein kleines interkulturelles Glaubensbekenntnis für das Gebet zum heutigen Sonntag:

Ich glaube an den Zwölfzylinder,
den Starken und Allmächtigen,
den Schöpfer des Himmels und der Erde,

und an den Achtzylinder,
seinen eingeborenen Sohn, unsern Herrn,
empfangen durch den eiligen Geist,
geboren von Daimler und Benz,
gelitten unter der Deutschen Umwelthilfe,
gekreuzigt, gestorben und begraben,
hinabgestiegen in das Reich des Todes,
am dritten Tage auferstanden von den Toten,
aufgefahren in den Himmel;
er sitzt zur Rechten von Allah und zur Linken
    von Ferdinand Piech,
von dort wird er wiederkommen zu erfreuen
    die Lebenden und die Toten.
Ich glaube an den eiligen Geist,
die SB-Tankstelle und Mister Wash,
die Gemeinschaft der Eiligen,
Vergebung der Punkte,
Auferstehung des Blechs, den Austauschmotor.
Mein sei die Autobahn in Ewigkeit.

Amen.

Welches Auto würde Jesus fahren?

Vor einiger Zeit demonstrierten Nonnen vor der General-Motors-Zentrale in Detroit, die mit einem Konvoi aus Toyota-Prius vorfuhren. Auf den Wagen stand die automobile Glaubensfrage: „Was würde Jesus fahren?" Das Gleiche fragt hierzulande eine Predigerdatenbank, die offenbar nicht nur ein Gespür für den heiligen Geist, sondern auch für den Zeitgeist hat, sofern sich das überhaupt noch unterscheiden lässt. Es gibt aber auch schon eine leicht abgewandelte Version: „Würde Jesus Diesel fahren?"

Der Toyota Prius als göttliche Lösung hat inzwischen sogar in der Literatur einen Parkplatz gefunden. In dem Roman „Flamingos im Schnee" spricht die Heldin: „Meine Güte, Lily, meinst Du nicht, Jesus würde einen Toyota Prius mit Hybridantrieb fahren?" Der Prius gilt als die verbindliche Hollywood-Variante eines Jesus-Autos. Die mexikanische Köchin darf damit die Einkäufe machen oder der mexikanische Gärtner die Kinder von der Schule abholen. Wahlweise benutzt der Sohn das Ding auch als Kiffer-Depot, während Papa im Lear-Jet die Welt rettet.

Bekifft Prius fahren ist in jedem Fall gottgefälliger als nüchtern Diesel fahren. Katrin Göring-Eckardt, ehemals Präses der Synode der Evangelischen Kirche in Deutschland (EKD) und somit Mitglied im Rat der EKD, sieht in der Verbrennung von Rohstoffen eine verzeihbare Sünde, solange es darum geht, ein bisschen vorzuglühen: „Aus meiner Sicht ist die aktuelle Politik der Repression und Kriminalisierung von Konsumenten und Konsumentinnen gescheitert."

Das Einatmen von Stickstoffmonoxid, aromatischen Aminen, Kadmium, Quecksilber, Blei, Formaldehyd und Azetaldehyd sowie polyzyklischen aromatischen Kohlenwasserstoffen darf demnach auf grüne Nachsicht hoffen, solange die Schadstoffe direkt einem Marihuana-Joint entweichen. Käme das gleiche Gemisch aus einem Dieselauspuff, würde Frau Göring-Eckardt vermutlich den Weltsicherheitsrat anrufen.

Die theologische Fachfrage lautet nun: Erhalten bekiffte Dieselfahrer Absolution? Eine Exegese der heiligen Schrift macht Hoffnung. Der Prophet Elia, so steht es geschrieben, fuhr bei seiner Entrückung gen Himmel mit einem „feurigen Wagen" (2. Könige, 2,11). Hier enthält bereits das zweite Buch Könige einen eindeutigen Hinweis auf ein mit Verbrennungsmotor betriebenes Fahrzeug, respektive eine in Brand geratene Hanfladung.

Allerdings war das in der Zeitrechnung vor der Geburt Elon Musks. Dessen Tesla macht dem Toyota-Prius als Jesus-Mobil inzwischen schwer Konkurrenz, vollelektrisch. Wobei Erlöser Elon einen aufrechten Christenmenschen in ernsthafte Zielkonflikte bringt: „Du sollst keine anderen Götter neben mir haben."

Jesus ging übers Wasser und speiste die Fünftausend, Musk beförderte den Aktienkurs von Tesla über den von BMW hinaus, obwohl er mit seiner Firma noch nie einen Cent verdient hat. Solange seine Gemeinde an das Wunder glaubt, läuft Elon Musk übers Wasser, es fließen Honig und Dividenden, das Brot und die Fische vermehren sich immerfort. Der Tesla fährt in Wahrheit gar nicht elektrisch, sondern wird vom unerschütterlichen Glauben der Aktionäre durchs Universum gebeamt. Die Geschäftsmodelle deutscher Automobilhersteller wirken dagegen wie ein Kreiskrankenhaus im Vergleich zur Grotte von Lourdes.

Am Schluss wird beim Jesus-Auto alles eine Frage der Reichweite sein, die der Batterien und die der Gläubigen. Von Berlin nach Bethlehem sind es beispielsweise gut 4.000 Kilometer – und auch Jesus braucht irgendwann eine Schnell-Ladestation. Er könnte während der Fahrt auch auf den grundsätzlichen Unterschied zwischen einem Tesla und einem Diesel stoßen. Beides sind ja bekanntlich Selbstzünder. Beim Diesel trifft dies allerdings nur auf den Motor zu, beim Tesla auf das ganze Auto.

Möglicherweise wäre Jesus so ein Tesla auch viel zu schnieke, schließlich reiste der Mann traditionell auf einem Esel. Was mir eine göttliche Eingebung beschert. Das ultimative und unschlagbare Jesus-Auto heißt: Dacia! Stellen Sie sich mal eine Weihnachtskrippe in einer Tiefgarage vor. Das Jesuskind neben einem Tesla? Geht gar nicht! Aber so ein Dacia-Kombi fügt sich harmonisch zwischen Ochs und Esel.

Äußerst preiswert, einfach, robust, ehrlich, von christlicher Bescheidenheit und lutherischer Askese. Im Kombi fänden sogar noch ein Teil der Jünger und das Catering für das Abendmahl Platz. Und falls es sich um einen Diesel handelt, raucht Jesus als Buße und ökologische Ausgleichsmaßnahme einen Joint mit Katrin Göring-Eckardt. Peace & Love & Dacia.

Zum Gottesdienst mit Svenja Schulze

Früher gehörte der Kirchgang noch zum festen Sonntags-Ritual, zumindest dort, wo ich aufgewachsen bin, in der stockkatholischen Eifel. Als früh vom Glauben abgefallener Protestant in der Diaspora ging ich stattdessen in die Kneipe und wartete dort auf meine katholischen Kumpels, bis denen die Absolution erteilt worden war und wir endlich mit dem Frühschoppen beginnen konnten.

Das ist noch so eine aussterbende Institution. Sich vor 12 Uhr mittags die Kante geben gilt inzwischen als unschicklich. Zumal wir uns meist auch noch nach 12 Uhr die Kante gaben und das Ende der Veranstaltung auf den frühen Nachmittag terminierten. Das war viel lustiger als Facebook, weil man sich seine Freunde besser aussuchen und notfalls fair unter den Tisch trinken konnte.

Wir wurden außerdem – ohne es zu wissen – zu den Wegbereitern des „Brunch", zumindest in der Eifel. Als Brunch wird ja eine Mahlzeit bezeichnet, die aus Komponenten des Frühstücks und des Mittagessens besteht. Wir verzichteten allerdings auf die Zunahme fester Nahrung, es gab allenfalls mal ein Solei oder eine Frikadelle vom Tresen, ansonsten durchgängig Bitburger. Wenn wir uns gelegentlich mal wieder treffen, stellen wir stets die gleiche Frage: Wie konnten wir das überleben?

An die Stelle des sonntäglichen Frühschoppens traten bei der nachwachsenden Generation inzwischen morgendliche Marathonläufe. Die Tradition der Ausdauer-Übung wird also mit modernen Mitteln fortgesetzt (obwohl ich Zweifel hege, ob das wirklich gesund ist).

Der Gottesdienst hat ebenfalls sein Antlitz verändert und auch die Dienstzeit. Es wird jetzt jeden Abend in der Tagesschau die Messe gelesen, mit Hallelulja und Amen. Jesus Christus hatte seine wundertätige Karriere damit begonnen, Kranke zu heilen. In heutiger medialer Diktion also ein Einzelfall und nicht von öffentlicher Relevanz. Der Heiland kommt statt dessen in Form unserer Regierung über uns. Die geben sich mit solchen Kinkerlitzchen nicht mehr ab, sondern bieten der versammelten Gemeinde Wunder auf einem ganz anderen Niveau. Die Heilung eines Kranken oder gar die Stabilisierung der Krankenkassenbeiträge gehören nicht zum Repertoire. Nachprüfbare Vorhaben sind politisches Glatteis und obendrein nicht durch Handauflegen zu bewerkstelligen.

Wer sich auf die Ebene der Alltagssorgen der Bürger begibt, hat schon verloren. Es ist attraktiver, die Welt als Ganzes zu retten, ersatzweise wenigstens das Klima oder Afrika. Die aktuelle GroKo-Vereinbarung ist deshalb eine Abfolge von Glaubensbekenntnissen und Heilsversprechen, deren Erfüllung im nächsten Jahrtausend zu erwarten ist. Und das ist nicht nur bei uns so. Die Messias-Politik hat den Globus ergriffen, life is a Wundertüte.

Das muss etwas mit dem Zeitalter des Wassermanns zu tun haben, das seit dem Musical „Hair" in den 6oer-Jahren allmählich über uns gekommen ist. Wie heißt es in „Age of Aquarius": „When the moon is in the 7th house, and Jupiter aligns with Mars, then peace will guide the planets … („Wenn der Mond im siebten Haus steht und Jupiter sich an Mars ausrichtet, dann wird Friede die Planeten leiten"). Die Beatles formulierten das politische Programm dazu: „All you need is love." In der Version von Barack Obama heißt das: „Yes, we can", bei Donald Trump „America first" und bei Angela Merkel „Wir schaffen das". Im Prinzip kann also jeder Messias werden.

Und damit sind wir bei den jungen, frischen Talenten, die jetzt Deutschlands Politik bestimmen. Deutschland braucht dringend heilbringenden Nachwuchs – deshalb hier ein paar einfache Grundregeln für unsere astreinen Hoffnungsträger. Erstens: Meiden Sie Rationalität und setzen Sie voll auf Leidenschaft, meiden Sie die Niederungen der Ebene und nehmen lieber das

Luft-Taxi. Schauen Sie sich zur Einstimmung Auftritte von Bono und Herbert-Kinder-an-die-Macht-Grönemeyer an. Leidenschaftlich vorgetragene Gefühle machen authentisch und glaubwürdig. Sagen Sie beispielsweise zu kriegerischen Konflikten etwas in der Art von „Ich liebe doch alle".

Sowohl das Problem, über das Sie sprechen, als auch der Lösungsvorschlag sollte hinreichend hypothetisch und möglichst weit entfernt sein. Die Sorge um künftige Generationen ist geradezu ideal. Sehr hübsch ist auch die Formulierung „Fluchtursachen bekämpfen". Als vorbildlich darf eine Episode aus der Rede Barack Obamas nach dem Sieg über Hillary Clinton gelten. Seinen Wahlsieg beschrieb er als „historischen Augenblick, da sich der Anstieg der Ozeane verlangsamte und der Planet zu heilen begann". Ganz großes Kino, Obama als Jesus Christus in der Hauptrolle.

Je mehr Politiker konkret werden, desto weniger Menschen können sich damit identifizieren. Sagen Sie also möglichst wenig. Aber es muss gut klingen. Gebrauchen Sie Formulierungen wie „historische Stunde", „Ethik der Verantwortung" und „Versöhnung mit Mutter Erde", von mir aus auch „der Islam gehört zu Deutschland". Streuen Sie ab und zu einen Anglizismus ein, etwa „Make poverty history". Die Menschen wollen sich wohlfühlen. Führen Sie das Publikum metaphorisch über den See Genezareth. „Ich bin ein Berliner" ist beispielsweise viel besser als „Mr. Gorbatschow, reißen Sie diese Mauer nieder". Deshalb wird John F. Kennedy in Deutschland verehrt und Ronald Reagan nicht – obwohl beide das Gleiche wollten (und Reagan es sogar zu Lebzeiten schaffte).

Aber zurück nach Deutschland. Mit vollem Einsatz dabei ist die neue Umweltministerin Svenja Schulze. Die sagte zu ihrer Amtseinführung: „In diesem Ministerium geht es um die ganz großen Themen. Es geht darum, unsere Lebensgrundlagen zu schützen: ein stabiles Klima, saubere Luft, sauberes Wasser und eine intakte Natur. Das sind große Aufgaben, denen ich mich mit Kreativität und Überzeugungskraft stellen werde. Zu meinen wichtigsten Aufgaben wird natürlich der Klimaschutz gehören."

Das ist wunderbar im Ungefähren und wird zugleich mit der Ankündigung eines Wunders verbunden, das erst nach dem Ende ihrer Amtszeit eintritt: „Wir werden in dieser Legislaturperiode zum ersten Mal ein Klimaschutzgesetz vorlegen, das verbindlich sicherstellt, dass wir unsere Klimaziele für 2030 erreichen werden." Punktlandung!

Aber auch die Kreativität kommt nicht zu kurz: „Das Bundesumweltministerium ist ein zentrales Modernisierungsministerium, das unser Land für die Zukunft fit macht: Weg von gefährlichen Irrwegen wie der Atomkraft, hin zu den Technologien, die die Weltmärkte von morgen dominieren werden: Dazu gehören unter anderem Erneuerbare Energien, Elektromobilität, Effizienztechnologien oder eine starke Recyclingwirtschaft."

Frau Schulze geht hier tatsächlich mit gutem Beispiel voran, indem sie sämtliche ökologischen Binsen ihrer Vorgänger rückstandsfrei recycelt. Brandneu ist aber das „Zentrale Modernisierungsministerium". Das ist einfach eine großartige Idee. Die Zukunft ist unser, denn Svenja Schulze wacht im zentralen Modernisierungsministerium, wo höhere Beamte nach Innovations-Verwaltungsordnung die Zukunft des Industriestandortes Deutschland befördern. Allerdings nur in den Kerndienstzeiten und bis freitags 14 Uhr, in den Sommerferien geschlossen.

Wir haben es bei Svenja Schulze mit einem Naturtalent zu tun, weshalb ich eigens für sie einige wenige weiterführende Ratschläge zur Vervollkommnung ihrer Karriere zur Verfügung stellen möchte.

Wie sie schon richtig erfasst hat, genügt es, bei öffentlichen Auftritten die gleichen Reden zu halten wie bisher, allerdings sollte der Begriff „Nachhaltigkeit" ab und zu eingeflochten werden.

Ferner gehören einige wissende Vokabeln wie „ökologischer Fuß-abdruck" ins Repertoire. Sie sollte sich auch öfter mal nachdenk-lich geben, so in der Art: „Wenn die Chinesen genauso viel Auto fahren wie wir, dann brauchen wir zwei Planeten." Alle werden applaudieren, außer den Chinesen, aber die sind ja weit weg.

Stets sollten die „Sorge um künftige Generationen" artikuliert werden, die Sache mit den „Lebensgrundlagen" hat Frau Schulze ja schon verinnerlicht. Die Lebensgrundlagen von Zehnjährigen bestehen übrigens ganz wesentlich aus der neuesten Version des iPhone. Das aber sollten Hoffnungsträger, die welche bleiben wollen, um Gottes willen für sich behalten. Auch: Grundsätzlich keine Scherze zu Umweltthemen („Wo bleibt die globale Erwär-mung?"), sie könnten religiöse Gefühle verletzen.

Als Umweltministerin ist man in dieser Republik zugleich ein geistiges Oberhaupt. Es gilt also, möglichst schnell die wichtigs-ten Gebote zu verinnerlichen, die da heißen: „Atomkraft? Nein danke!" und „Keine Gentechnik auf Acker und Teller!" Besuchen Sie öfter einschlägige Demonstrationen und lassen sich inspirie-ren. Auf einer Münchner Kundgebung gegen Gentechnik stand auf den Transparenten „Kein Contergan auf unserem Acker!" oder „Gentechnik zerstört die Würde der Pflanzen". Am besten gefiel mir: „Für das Leben – gegen Gene!" Das Besteigen solcher rheto-rischen Luft-Taxis sichert in jedem Fall die Zuneigung von ortho-doxen Missionaren wie „Greenpeace" und landeskirchlichen Ge-meinschaften wie dem „BUND". Es kann nicht schaden, jeden Tag einmal den Amtseid laut aufzusagen und mit der Formulie-rung zu beschließen: „So wahr mir das Kyoto-Protokoll helfe." Intellektuell ist man damit für eine vierjährige Amtszeit ausrei-chend gewappnet.

Neulinge, ganz gleich in welchem Ressort, sollten darüber hinaus auf ihren Umgang achten. Svenja Schulze beispielsweise muss unbedingt Antrittsbesuche bei Persönlichkeiten wie Vandana

Shiva, Naomi Klein und dem Dalai Lama machen, das signalisiert globales Denken und ethnische Sensibilität. Die Gesprächspartner müssen anschließend als „mutige Querdenkerinnen und Querdenker" und „mahnende Stimmen" gelobt werden. Die Unternehmerseite gilt es mit Lichtgestalten wie dem Biokarotten-Multi Klaus Hipp abzudecken, den kulturellen Part kann Schauspieler Hannes Jaenicke übernehmen. Frau Schulze muss aber dringend noch etwas an ihrer Mimik arbeiten, sie wirkt derzeit noch ein wenig unbeschwert, da muss mehr Leiden an der Welt aufscheinen. Vorgängerin Barbara Hendricks setzte hier Maßstäbe. Am besten wäre etwas Schauspielunterricht in Hollywood bei Roland Emmerich (The day after).

Werte Umweltministerin Schulze, Ihre ersten Erfolge sind bei Beherzigung dieser einfachen Grundsätze zwangsläufig. Außerdem kommen ihnen die Umstände entgegen: Sollte der nächste Winter zu mild und zu warm werden, dann ist das Folge der globalen Erwärmung. Wenn die Deutschen deshalb dann weniger Heizöl verbrennen, melden Sie dies als Erfolg ihrer kompromisslosen Klimaschutzstrategie: „Deutschland vorbildlich". Wird der Winter kalt und streng, ist auch das Folge der globalen Erwärmung. Überspielen Sie den kleinen logischen Kurzschluss mit der Formulierung von „zunehmenden Wetterextremen" und verurteilen Sie den Klimaleugner Trump. Das hat inzwischen eine gewisse folkloristische Tradition und gefällt den Deutschen immer.

Warnen Sie eindringlich vor einem steigenden Meeresspiegel. Darauf lässt sich garantiert oben schwimmen, wahlweise können Sie aber auch darauf surfen oder Wasserski laufen. Schlussendlich: Achten Sie stets auf eine bedeutungsschwere Kulisse. Angela Merkel lag seinerzeit als Klimakanzlerin mit den kalbenden grönländischen Gletschern voll richtig. Ideal wäre für künftige Ausflüge der Berg Ararat, wo nach der Sintflut Noah mit seiner Arche angelandet sein soll.

Erdoğans Halal-Porsche

Der türkische Präsident Recep Tayyip Erdoğan fiel durch zwei feurige Aufrufe auf. Zum einen: Ein rein türkisches Auto muss her! Das würde die Kompetenz des großen Führers auf neue Gebiete ausdehnen, denn bislang bestanden seine Ingenieursleistungen ja eher in der Konstruktion von Staatsstreichen und Terrorvorwürfen gegenüber Journalisten.

Eigentlich gibt es in der Türkei ja längst eine recht florierende Auto- und Zulieferer-Produktion. Seit Jahrzehnten schon ist die Türkei ein wichtiger Standort für zahlreiche Automobil-Hersteller, etwa Mercedes-Benz, MAN, Renault, Fiat, Ford und Toyota, die in Anatolien Autos und Lastwagen für Europa und die benachbarten Regionen produzieren lassen. Die Löhne liegen nur bei einem Viertel der anderen europäischen Standorte, die türkischen Mitarbeiter (viele davon waren zuvor in Deutschland) gelten als sehr qualifiziert.

Aber darum geht es dem Großmogul gar nicht. Es geht ihm um ein genuin türkisches Gefährt, als Ausdruck wirtschaftlicher Unabhängigkeit und Symbol des Nationalstolzes. Gleichsam ein Turbo mit einwandfreiem türkischem Stammbaum, zur Mobilisierung der türkischen Massen. Es gibt da Vorbilder, beispielsweise den Volkswagen-Käfer, der ja ebenfalls mit Ariernachweis das automobile Licht der Welt erblickte. Die begeisterten Volksdeutschen sparten fleißig auf den KdF-Wagen, sie bekamen allerdings den Kübelwagen – und der wurde auch nicht an sie, sondern an die Wehrmacht ausgeliefert, die damit vorübergehend neuen Lebensraum im Osten inspizierte.

Nicht ganz so tragisch, aber ähnlich geländegängig waren die ersten Versuche in den 60er-Jahren, ein türkisches Fabrikat zu etablieren. Zu der damaligen Zeit waren fast alle Taxis und Dolmusche (Sammeltaxis) große Amischlitten, und eine robuste lokale

Alternative sollte her. Sie hieß „Anadol". Der Motor stammte vom englischen Ford-Cortina. Das Fahrwerk war robust wie die Schienen der Eisenbahnlinie von Istanbul nach Ankara. Die Karosserie bestand aus Fiberglas. Daran knabberten die Esel, die es damals in der Türkei noch in besonders großer Zahl gab. Zur weiteren Dezimierung des Anadol-Bestandes trugen weggeschnippte Zigaretten bei, denn der Anadol war leicht entflammbar und brannte innerhalb weniger Minuten komplett aus. Fotos von vom Esel ausgeschlachteten oder abgebrannten Anadols trugen zur Erheiterung der Einheimischen bei, förderten aber nicht das Prestige des indigen türkischen Automobils als solches.

Es wird also höchste Zeit für einen neuen Anlauf zur Wiederherstellung und Mehrung von Ruhm und Ehre des Vaterlandes. Dazu passt auch der zweite aktuelle Aufruf des vielfältig talentierten Mr. Erdoğan. Und der lautet: „Es ist Pflicht eines Muslims, sich zu vermehren."

Als Angehöriger einer Auto-Nation fällt einem natürlich sofort auf, dass diese beiden Vorschläge zusammen gedacht werden müssen. Das Vermehren ist im Grunde ja das Gleiche wie Autos konstruieren, macht allerdings mehr Spaß. Nun verfügt der Islam, wenn es um die Kategorie Spaß geht, bekanntlich über vier Scheibenbremsen mit doppeltem Bremskreislauf und Notbrems-Assistent. Wo, bitteschön, sollen sich Muslime vermehren, sofern sie nicht verheiratet sind? Oder zumindest das Vermehren ein bisschen üben? Bingo: Im eigenen Auto, da muss die bekopftuchte Großfamilie draußen bleiben.

Man darf die durch das Auto als Balzplatz geleistete gesellschaftliche Subversion nicht unterschätzen. Im Amerika der 20er-Jahre, das zwar keine islamischen Klemm-Vorschriften, aber durchaus prüde Repression kannte, wurde die Sache erstmals aktenkundig. So schrieb beispielsweise John Steinbeck in „Die Straße der Ölsardinen" (Cannery Row):

„Man müsste einmal eine Abhandlung über den sittlich physischen, ästhetischen Einfluss des Modell-T-Ford auf das amerikanische Volk herausgeben. Zwei US-Generationen wussten mehr über Fords Zündstift als über die Klitoris ... Die meisten Babys jener dahingegangenen Epoche wurden im Modell-T-Ford gezeugt ..."

Der Gitarrist Mason Williams beschrieb sein erstes Auto so: „Es gab viele erste Male in diesem Auto: Meine erste wirkliche Erkenntnis der Zeit und der Unabhängigkeit, meine ersten Abstecher in die Städte der Umgebung, meine erste Sally auf dem Rücksitz, mein erster Rausch, mein erster Unfall ..."

Die Suchanfrage „Sex und Auto" ergibt bei Google 112 Millionen Ergebnisse. Auf Türkisch heißt das laut Google-Übersetzer „Seks ve araba", das ergibt immerhin 636. 000 Ergebnisse. Auch die deutsche Qualitätspresse widmet sich dem Thema interkulturell sensibel: „Fessel-Sex mit dem Anschnallgurt – schon mal probiert?", fragt *Bild*, „Bequem ist Sex im Auto zwar nicht, dafür aber ziemlich heiß", antwortet *gofeminin*. „Plötzlich fielen Jochen und Esther im Auto übereinander her", berichtet der *Stern*-Ableger *Nido*, während *Focus* „die besten Brummer für die heiße Nummer" empfiehlt. Die Moral der schon länger hier lebenden Muslime wurde also bereits in erfreulichem Maße tiefergelegt. Die große theologische Frage lautet nun: Dürfen solche Praktiken auch in Erdoğans Halal-Automobil angewandt werden?

Wirtschaft und Wahnsinn

Die Rache der Ingenieure

„Dem Ingenieur ist nichts zu schwör", pflegte Daniel Düsentrieb das Wesen des Erfinders in kurzen Worten zusammenzufassen. Angrenzende Fachgebiete kommen oft nicht so gut weg, jedenfalls wird auf technischen Hochschulen gerne gelästert: „Dem Philosoph ist nichts zu doph." Wobei der eigentliche Gegenspieler des Ingenieurs sicherlich nicht der Philosoph ist. Im Gegenteil: In einem guten Ingenieur steckt stets auch ein Philosoph, schließlich geht es auch dem Ingenieur darum, richtige Fragen zu stellen, oder – noch besser – alles in Frage zu stellen. Zur Veranschaulichung mag der folgende kleine Scherz aus dem technischen Gewerbe dienen. Der Optimist: „Das Glas ist halb voll." Der Pessimist: „Das Glas ist halb leer." Der Ingenieur: „Das Glas ist doppelt so groß, wie es sein müsste."

Dieses kleine Beispiel veranschaulicht auch, warum Ingenieure und Techniker so selten in Talkshows anzutreffen sind. Da geht es immer nur um halb voll oder halb leer, um plus oder minus, um gut oder schlecht. Mehr als die ritualisierte Auseinandersetzung um das Grundsätzliche glaubt man dort dem Publikum nicht zumuten zu können. Ingenieure sind für solche Hahnenkämpfe denkbar ungeeignet, da sie ja stets nach einer Lösung suchen. Deshalb sind sie der natürliche Feind des Ideologen, der ja ganz im Gegenteil ein möglichst großes Problem braucht. Lösungen sind für den Ideologen im Übrigen nur als Verwirklichung gesellschaftlicher Visionen denkbar.

Das ist beispielsweise der Grund dafür, dass es in Deutschland noch immer kein atomares Endlager gibt. Technisch wäre das keine besonders anspruchsvolle Aufgabe. Politisch ist eine Lösung aber überhaupt nicht erwünscht, da man den Bürger weiterhin mit dem atomaren Beelzebub einschüchtern will. Die Ingenieurs-Wissenschaften, ja überhaupt die Naturwissenschaften, sind in hohem Maße politisch unkorrekt. Deshalb fallen die Ideologen auch so wütend über ihre Vertreter her, wenn sich dann doch mal ein Physiker oder Chemiker in eine Talkshow verirrt. Alleine das kühle Abwägen verschiedener Risiken gegeneinander gilt bei den Maischbergers und Plasbergs als zynisch und amoralisch. Aktuelles Beispiel dafür ist die vollkommen aus dem Lot geratene Diesel-Debatte.

Merke: Technische Lösungen für gesellschaftliche Aufgabenstellungen kommen meist früher, als es die Ideologen gebrauchen können. Wer rettete die Wale? Greenpeace? Nein, das war Rockefeller, der mit der Technik der Erdölförderung die Nutzung der fast ausgerotteten Meeressäuger als Rohstoffquelle überflüssig machte. Wer rettete den Wald in Mitteleuropa? Der BUND? Nein, das war die Erfindung der Dampfmaschine, die die Förderung von Kohle aus großen Tiefen möglich machte. Die Waldzerstörung und die Übernutzung der Landschaft hatten in Mitteleuropa vor 200 Jahren jedes vernünftige Maß überschritten. Eine völlige Verkarstung Englands, das vor 200 Jahren schon nahezu entwaldet war, konnte so gerade noch abgewendet werden. Auch die Waldfläche Deutschlands verdoppelte sich im 19. Jahrhundert.

Ein den meisten bekanntes Beispiel ist die Warnung des „Club of Rome" von 1973 vor dem Ende des Erdöls, das man auf das Jahr 2000 terminierte. Die Ideologen hätten gerne sofort mit der Ausgabe von Rationierungs-Gutscheinen begonnen. Aber die Ingenieure versauten ihnen das Geschäft, weil sie immer bessere Fördermethoden entwickelten und immer mehr Ölvorräte entdeckten. Und so wird das auch weitergehen, vorausgesetzt, man lässt die Ingenieure machen.

Kein Wunder, dass man mit allen Mitteln daran arbeitet, sie abzuschaffen. Ohne Not haben Politiker das bildungsmäßige Alleinstellungsmerkmal, das weltweit hochangesehene deutsche Ingenieurs-Diplom der Unis und Fachhochschulen, zu Lasten eines Bachelor und Master-Studiengangs aufgegeben. Viele Länder haben uns in der Vergangenheit um unser Ausbildungsprogramm beneidet. Es wurde für ein oberflächliches und universell austauschbares Studienprogramm geopfert.

Damit besteht zunächst auf dem Papier kein Unterschied zwischen einem Studienabgänger von Taka-Tuka-Land und einem einer Technischen Hochschule in Deutschland. „Politisch korrekt, doch wo sind unsere Vorteile, wo ist unser Excellence Cluster, welches Alleinstellungsmerkmal soll unsere Ausbildung haben?", fragte Wilfried Krokowski in einem Beitrag auf der *Achse des Guten*. Aber lassen wir das mal beiseite, es sind ganz offensichtlich noch ein paar muntere Ingenieure übrig, sie müssen ja auch nicht unbedingt aus Deutschland sein.

Echtes Unheil kündigt sich beispielsweise für die sogenannte „Deutsche Umwelthilfe" und ihre Groupies in Regierung und Behörden an, die dem Auto und insbesondere dem Diesel den Auspuff endgültig abdrehen wollen. So trafen sich mehr als tausend Motor-Entwickler zum „Wiener Motorensymposium", der wichtigsten Fachveranstaltung zum Verbrennungsmotor. Und wie es aussieht, werden die Herren Ingenieure den Herren Ideologen schon wieder die Tour vermasseln.

Johannes Winterhagen schreibt dazu in der *FAZ*: „Der Ingenieur ist ein kritischer Geist. Das Wort ‚Wunder' löst in ihm bestenfalls den Willen aus, den Dingen genauer auf den Grund zu gehen. Denn er hat gelernt: Man muss nur lange genug schrauben und nachdenken, dann entpuppt sich jedes vermeintliche technische Mirakel als Apparatur, die allein den Gesetzen der Physik gehorcht." Um den Stand der Dinge zusammenzufassen: Innerhalb der nächsten fünf Jahre wird man die Stickoxid-Emission der gesamten Fahrzeugflotte auf 20 Milligramm je Kilometer senken können (Beispiel Daimler), und zwar in den EU-Straßentests und nicht auf irgendwelchen wirklichkeitsfremden Prüfstand-Zyklen. Damit unterschreitet man die gesetzlichen Vorschriften um Größenordnungen. Nach derzeitigem Stand liegt der Grenzwert zu diesem Zeitpunkt bei 80 Milligramm je Kilometer.

Das Stickoxid-Problem des Diesels scheint also in relativ kurzer Zeit technisch lösbar – ob die Kunden das noch einmal glauben, ist eine ganz andere Frage. Man fragt sich natürlich auch: Warum nicht gleich so? Man hätte der Umwelt eine Menge Stickoxide und einer Reihe Mitarbeiter gesiebte Luft ersparen können. Ich vermute mal, hier kommt der zweite natürliche Feind des Ingenieurs ins Spiel: der Betriebswirt. Northcote Parkinson, der Urheber der berühmten Parkinsonschen Gesetze, behauptete einmal, Betriebswirte hätten „ungefähr soviel Moral wie ein Beagle am Fressnapf". Er meinte damit natürlich nicht das Individuum, sondern das mitunter suboptimale Wirken der Spezies als solche. Es ist ja durchaus gang und gäbe, dass hierzulande entwickelte neue Technologien erst einmal kaputtgerechnet werden, woraufhin sie dann im Ausland Karriere machen. Ideologen und Betriebswirte gehen im Übrigen in Deutschland durchaus arbeitsteilig vor: Ideologen vertreiben die Atomkraft, das Auto, die Chemie und die grüne Gentechnik, die Betriebswirte übernehmen den Rest, denn sie killen die gute Laune, die man zum Erfinden braucht.

Und jetzt wird es ganz bitter für die deutsche Weltuntergangs-Fraktion: Auch die Atomkraft feiert eine fröhliche Renaissance außerhalb des deutschen Windrad-Biotops. Ausgerechnet die Russen, die auf diesem Gebiet ja deutlich schlechter beleumundet sind als etwa deutsche Kernphysiker, bauen jetzt kleine AKWs und schippern sie auf Flößen durch die Welt, schließlich haben sie mit atomgetriebenen U-Booten und Eisbrechern reichlich Erfahrung. Der Prototyp einer neuen Flotte von schwimmenden AKWs machte sich dieser Tage via Ostsee zum Polarkreis in Ostsibirien auf, als „nördlichste Nuklear-Installation der Welt" eine Kleinstadt mit Strom zu versorgen. Rosatom will so „neue Kundenkreise erschließen", erklärte die Welt-Atompolizei von Greenpeace und zeigte sich entsetzt über die mangelnde Solidarität von China, Algerien, Indonesien, Malaysia und Argentinien. Die haben nämlich Interesse an den schwimmenden Meilern gezeigt. Und, liebe Freunde von Greenpeace, ich wage jetzt mal eine visionäre Prognose: Wenn es mit unserer erfolgreichen Energiewende so weitergeht, dann wird so ein Floß womöglich bald den Rhein hinauf schippern und im Stuttgarter Neckarhafen vor Anker gehen, als Notstromaggregat für Daimler.

Ja, dem Russ' ist alles zuzutrauen, sogar eine relativ intelligente Argumentation. Rosatom reagierte auf die Greenpeace-Proteste mit folgendem Hinweis, der ebenso gemein wie niederträchtig formuliert ist: „Wer von angeblich 100 Prozent erneuerbaren Energien träumt, realisiert nicht, dass in einer langen Polarnacht bei minus 60 Grad Celsius weder Wind- noch Solarkraft zur Verfügung stehen", heißt es, „es ist dann entweder Kohle- oder Atomstrom." Kohleverstromung habe „erhebliche negative Auswirkungen auf die arktische Umwelt durch giftige Emissionen, die für den Klimawandel, vorzeitige Todesfälle und das Artensterben verantwortlich sind." Demgegenüber vermeide Atomkraft „zehntausende Tonnen Kohlendioxid" und versorge die Menschen „mit sicherer, sauberer und verlässlicher Energie".

Während die Russen mit ihren AKWs durch die Weltmeere pflügen, entwickeln die Amis aus ähnlichen Gründen jetzt Baby-Reaktoren für den Weltraum. Denn auch dort kann die Nacht schon mal was länger dauern. Der im Rahmen des Projekts „Kilopower" entwickelte Reaktor ist demnach in der Lage, kontinuierlich für mindestens zehn Jahre bis zu 10 Kilowatt elektrische

Leistung zu liefern. Grundlage ist ein Reaktorkern aus Uran 235 von der Größe einer Küchenpapierrolle. Das wird früher oder später auch die Generation Silicon-Valley auf den Plan rufen. Der Reaktor kann Raumschiffe und Raumsonden unabhängig von der Sonne mit Energie versorgen. Und was noch? Ja, was denn wohl? Ich trau mich's ja kaum zu sagen: Könnte man mit einem solchen Ding, ähm, nicht auch ein Auto antreiben? „Da Autos die meiste Zeit ohnehin nur herumstehen, würden die 10 Kilowatt Dauerleistung in Verbindung mit einem Puffer-Akku locker reichen – man müsste nie tanken und könnte das Auto mit einer ‚Atom-Küchenrolle' zehn Jahre lang betreiben", schreibt ein Leser zu dem oben verlinkten Bericht.

Leute, da bin ich dabei! Ground-Control an Wolfsburg, Stuttgart, München: Übernehmen Sie, bevor es Elon Musk tut. Das Atomauto wäre jedenfalls die ultimative Rache des deutschen Ingenieurs an seinen Peinigern und die späte Erfüllung eines Traums aus den 60er-Jahren des vorigen Jahrhunderts. Ich spendiere dann ein fliegendes Taxi für Dorothee Bär, powered by AKW.

VW-Asyl im BER

Der Romancier John Steinbeck schrieb einmal: „Die Relativitätstheorie ist Einstein im Handumdrehen klar geworden. Das ist
das größte Rätsel des menschlichen Geistes: der induktive Sprung.
Alles fügt sich ineinander, Belanglosigkeiten rücken in einen Zusammenhang, aus Dissonanz wird Harmonie, und was vorher
Unsinn erschien, wird von Sinn überwölbt." Ich bin leider nicht
John Steinbeck, auch nicht Albert Einstein, und doch ist mir etwas
im Handumdrehen klar geworden. Und zwar bei der Lektüre folgender Nachricht: „VW muss Autos am BER zwischenparken."

Mein induktiver Sprung erfolgte allerdings gewissermaßen
rückwärts: Alles fügte sich ineinander, aus Harmonie wurde Dissonanz, und was vorher Sinn erschien, wurde von Unsinn überwölbt. Laut Wikipedia führt die Relativitätstheorie die Gravitation
auf „eine Krümmung von Raum und Zeit zurück, die unter anderem durch die beteiligten Massen verursacht wird". Daraus leite
ich im Folgenden meine Depressivitätstheorie ab, die ich auf eine
Krümmung von Raum und Zeit zurückführe, die durch die beteiligten Idioten verursacht wird. Aber eins nach dem anderen.

Schauen wir uns erst einmal die beteiligten Belanglosigkeiten
an. Da wäre zunächst einmal Berlin, das seit 2006 versucht, einen
neuen Flughafen zu eröffnen. Dies ist ein für das Land wichtiges
soziales Pilotprojekt, das so tut, als ob von dort irgendwann Flugzeuge starten werden. In erster Linie soll mit dieser Simulation
eines Flughafenbaues geprüft werden, ob unfähige Politiker und
vom Wege abgekommene Top-Manager in so etwas wie einen Ge-
schäftsbetrieb integrierbar sind. Die bisherigen Erfahrungen der
großangelegten Studie brachten wertvolle Erkenntnisse.

So gilt es als gesichert, dass Persönlichkeiten vom Schlage eines
Klaus Wowereit oder Hartmut Mehdorn in sicherer Distanz aus-
gewildert werden sollten. Beispielsweise am Polarkreis, wo sie den

Ruhestand mit der nachhaltigen Jagd auf andere Elche verbringen könnten. Es steht allerdings zu befürchten, dass sie und ihresgleichen weiterhin im Berliner Unterholz lauern. Gesichtswahrende Lösung könnte eine Umschulung auf Klimaschutzaktivist sein, schließlich ist Berlin eine „Vorreiterkommune" beim Schutz des Weltklimas. Bis 2050 sollen die Kohlendioxidemissionen um 85 Prozent reduziert werden, da ist ein Flughafen, von dem kein Flugzeug fliegt, ein wichtiger Baustein.

Der gleiche Denkansatz scheint sich auch in Sachen Automobilindustrie durchzusetzen. Volkswagen simuliert derzeit eine Automobilproduktion, um experimentell herauszufinden, wie ein führender Automobilhersteller mit den neuen Emissions-Vorschriften führend bleiben kann. Der Stand der Erkenntnis lautet derzeit für Deutschland: Das Auto selbst ist gar kein Problem, es darf nur nicht fahren. Und da es in Wolfsburg allmählich eng wird, werden die Dinger jetzt auf dem BER zwischengeparkt. Daraus entsteht eine vorbildliche Public-Private-Partnership, die ganz neue Ketten der Wertschöpfung eröffnet.

Wo Flugzeuge nicht fliegen dürfen, werden jetzt Autos geparkt, die nicht fahren dürfen. Bezahlt wird das Ganze vermutlich vom Helikopter-Geld, das Mario Draghi über dem BER abwerfen lässt.

Die Kreislaufwirtschaft hat sich ja auch in Finanzierungsfragen bereits bewährt. So zahlt Volkswagen für seine Verfehlungen in Sachen Abgas eine Milliarden-Strafe an das Land Niedersachsen. Da Niedersachsen einer der Eigentümer von Volkswagen ist, hat man sich das Straftticket gleichsam selbst ausgestellt. Die dortige große Koalition will die Kohle unter anderem in die „Mobilitätswende" investieren, also in die beschleunigte Verlegung von Volkswagen-Halden auf den BER. Möglicherweise wird die Staatskohle dann durch die Bundesarbeitsagentur für Arbeit korrekt zurückgereicht, weil VW voraussichtlich Kurzarbeit anmeldet. Die deutsche Autoindustrie sieht goldenen Zeiten entgegen.

High Noon in Outlet-City

Leicht ermattet lässt sich das junge Paar auf eine Bank vor der Espressobar am Lindenplatz sinken. „Boss und Diesel hätten wir schon mal abgehakt", sagt er. Er spricht in jenem zufriedenen Ton, den der Tourist andernorts nach dem Besuch der Uffizien oder des Louvre anschlägt. Sie schaut derweil in den Plan auf ihrem Mobiltelefon und fasst weitere Ziele ins Auge: „Als Nächstes machen wir Lacoste, dann Strenesse." Die beiden stammen aus der Schweiz und ihr Outfit verrät den gehobenen Geschmack von Menschen, die mit ihrer Kleidung ein Zeichen setzen wollen. Am Nachbartisch lärmt eine gut gelaunte Gruppe Italiener. Man muss sie einfach um ihre Sprache beneiden, schon weil sie so unnachahmlich „Arrrmaaani" aussprechen.

Die Hälfte der Stühle ist mit Einkaufstüten edler Provenienz besetzt, nicht mehr als eine Armlänge Abstand zum Besitzer. Der Homo-Klaumirnix schlürft seinen Espresso, ohne seinen Besitz dabei auch nur eine Sekunde aus dem Auge zu lassen. Bei Paaren sind dabei geradezu archaische Verhaltensweisen zu beobachten. Er beschafft an der Selbstbedienungstheke die Nahrung, während sie über die Einkaufstüten wacht wie ein Adler über die Brut.

Der Homo-Klaumirnix ist mir bisher eigentlich eher in Italien aufgefallen, dort tritt er als der gemeine deutsche Autoverriegler auf. Er ist rein äußerlich am gehetzten Blick erkennbar und tritt meistens in Symbiose mit einem Brustbeutel oder einer Gürteltasche auf. Sein Erscheinen folgt meist einem festen Ritus. Und der geht in etwa so: Neuer Audi, hintere Seitenscheiben mit Handtuch verhängt, Kennzeichen aus Paderborn, biegt auf Piazza ein. Umhersuchende Fahrweise. Entdeckt Parkplatz unmittelbar neben einem Pizzatisch. Hält dort an, Kinder springen raus und besetzen Pizza-Tisch.

Papa räumt Wertsachen in den Kofferraum. Mama fährt alle Scheiben hoch und versteckt eine „ADAC-Motorwelt" unterm Sitz. Papa schaltet Alarmanlage gefechtsbereit und betätigt anschließend Zentralverriegelung. Überprüfendes Rütteln an sämtlichen Türen und Hauben. Papa liest mit einem Auge die Speisekarte und sichert mit dem anderen den Audi. Mama hat Sonnenbrille im Auto vergessen und denkt nicht an Alarmanlage. Sirene heult los und lässt sich nicht abstellen. Drei Minuten Fliegeralarm. Papa entnervt, Mama träumt von Dänemark.

Aber zurück zum aktuellen Ort des Geschehens. Er hat keinen besonders wohlklingenden Namen, zumindest nicht in Deutschland. Andernorts schon, beispielsweise in Peking, Shanghai oder Riad. Auf Hochdeutsch: Metzingen. Auf Schwäbisch: Mäzinga. Auf Neudeutsch: „Outletcity Metzingen". Der kleine Ort am Rande der schwäbischen Alb rangiert in der weiten Welt auf Augenhöhe mit Neuschwanstein, Rothenburg ob der Tauber und dem Hofbräuhaus. Die schwäbische Kleinstadt, etwa eine halbe Stunde vom Flughafen Stuttgart entfernt, gilt als feste Größe unter den internationalen Shopping-Destinationen. Mehr als drei Millionen Tagestouristen aus 185 Nationen brechen Jahr für Jahr in die schwäbische Provinz auf und blasen Halali bei der Jagd auf sogenannte Markenkleidung zu sogenannten reduzierten Preisen.

So wie sich in der Wüste von Las Vegas die Spielkasinos aneinanderreihen, so stehen hier die riesigen Outlet-Stores der großen Marken Wand an Wand. Der „Outlet-Strip" hat allerdings ganz bodenständige Namen wie „Lindenplatz", „Reutlinger Straße" oder „Stuttgarter Straße". Die Größe der Kassenanlage im Haus „Hugo Boss" erinnert mich in Größe und Geschäftigkeit an die Mautstelle einer italienischen Autobahn, Hochsaison, kurz vor Rimini. Imposant sind auch die XXL-Einkaufstüten, in die mühelos die Schwiegermutter passt, falls man sie einmal entsorgen möchte.

Das Paar aus der Schweiz parliert mit dem Kellner ein wenig auf Italienisch, zahlt seine Espressi und greift nach den „Hugo-Boss-XXL-Tüten. Sie beschließen, ihre bisherige Beute erst einmal im Auto zu verstauen. Im Parkhaus an der Reutlinger Straße weisen die Kennzeichen auf Besucher aus dem ganzen Bundesgebiet und dem benachbarten Ausland hin, bemerkenswert ist auch die erhöhte Porsche-Dichte.

Marktforscher nennen den in Metzingen vorherrschenden Käufer-Typus „Smart Shopper". Dessen Eigenschaften werden sogar schon im Online-Lexikon „Wikipedia" beschrieben: „Ein Smart Shopper ist ein Konsument, dessen Verhalten durch gleichzeitiges Streben sowohl nach Preisvorteilen als auch nach Qualität – beispielsweise hochwertige Marken – gekennzeichnet ist." Der idealtypische Metzingen-Kunde ist demnach Norbert Lammert auf der Suche nach Montblanc-Füllern. In einfacher Sprache könnte man auch sagen: Diese Sparbrötchen posen gerne im Porsche, neigen aber nicht dazu, die Rechnung für den Espresso auf zwei Euro aufzurunden.

Vor dem Outlet von „Hugo Boss" stellen sich zwei zauberhaft lächelnde Chinesinnen für ein Foto in Positur – beinahe so, als handele es sich beim Hintergrundgebäude um das Brandenburger Tor. Doch es bleibt garantiert nicht beim Erinnerungsfoto: Die Metzinger Stores machen mit den Käufern aus China jährlich genauso viel Umsatz wie die Geschäfte in unserer Bundeshauptstadt. Dafür sind die Bürgersteige in Metzingen deutlich sauberer als in Berlin, wobei das mittlerweile vermutlich sogar in Kalkutta der Fall ist. Das Outlet in der schwäbischen Provinz beschämt in der Jahresbilanz sogar spektakuläre New Yorker Flag-ship-Stores. Alle Okkasions-Jäger, die nach Metzingen kommen, eint die Entschlossenheit, auch tatsächlich Beute zu machen. Im Durchschnitt lässt jeder Besucher 400 bis 500 Euro an den Kassen.

Am Anfang stand der Personalverkauf der örtlichen Herren-Oberbekleidungs-Marke „Hugo Boss". Auslaufende Kollektionen oder leicht fehlerhafte Ware wurden den Mitarbeitern zu stark herabgesetzten Preisen angeboten. Öffnungzeiten einmal die Woche für ein paar Stunden. Die Mitarbeiter brachten die Familie mit, die Familie die Freunde. Die Öffnungzeiten wurden immer länger, die Verkaufsflächen größer. Umsatz und Mund-zu-Mund-Propaganda gingen irgendwann ab wie eine Mondrakete. In Frankfurt mieteten Jung-Banker Kleinbusse und fuhren mit ihrer Kreditkarte ins Schwäbische zum „Boss". Inzwischen kommen sie auch aus London oder Moskau.

Man könnte fast meinen, Metzingen sei eine Freihandelszone. Wichtige Hinweisschilder sind auch in Arabisch, Chinesisch, Japanisch, Russisch oder Türkisch gehalten. Verkäufer und Verkäuferinnen zeigen sich mit fremden Sitten und Gebräuchen mittlerweile so vertraut wie jene auf einem internationalen Großflughafen.

Meinen persönlichen Versuch, einen Anzug zu erwerben, habe ich allerdings aufgegeben. Eine Auswahl von mehr als drei passenden Stücken überfordert mich seelisch, moralisch und überhaupt. Und hier gibt's gleich Hunderte. Das ist nix für mich. Soll ich die etwa alle anprobieren? Ich bin eher der Typ für eine sozialistische Kaufhalle. Braun, grau oder blau? Blau bitte, danke und auf Wiedersehen. Geht hier aber nicht. 25 verschiedene Blaus! Mit Längsstreifen, Querstreifen, Karos und womöglich Blümchen. Spätestens nach der zweiten Anprobe überkommt mich Klaustrophobie und ich will nur noch heim.

Für Studenten der Sozialwissenschaften dürfte Metzingen hingegen ein ideales Exkursionsziel darstellen. Die Typologie der Käufer und die zugrunde liegenden evolutionsbiologischen Verhaltensweisen dürften allemal eine Doktorarbeit wert sein.

Am interessantesten finde ich Gruppen, die sich per Mobiltelefon über die jeweils entdeckten Angebote informieren und auf diese Weise eine regelrechte Treibjagd nach Beutestücken organisieren. Rheinische Freundeskreise, russische Familienclans und japanische Busgemeinschaften zeigen über alle Kulturen hinweg exakt das gleiche Verhalten. Das liegt wohl am gemeinsamen evolutionären Erbe. Den Urmenschen in der afrikanischen Savanne zeigten die Geier den Weg zu frisch verendetem Großwild. Die schneller werdenden Beine garantierten ein Eintreffen bei der Beute, solange sie noch frisch war. Die Geier wurden inzwischen durch das Handy ersetzt und an die Stelle der Antilope tritt eine Wildlederjacke von Joop – aber ansonsten sind wir ganz die Alten geblieben.

Spurensuche im Solar Valley

An der A9 zwischen Leipzig und Dessau steht, ein wenig verloren, das schöne Hinweisschild „Solar Valley". Erinnert an „Silicon Valley". Soll es wohl auch, sehr englisch und irgendwie Zukunft verheißend. Aber auch ein bisschen großmäulig. Kein Wunder, denn Politiker glaubten hier, was sie immer glauben, nämlich ganz viele „Arbeitsplätze schaffen" zu können.

Dafür machten sie einen Plan. Und griffen tief in die Staatskasse, um die deutsche Solarzellenindustrie zu kreieren. Eine leuchtende Bastion politisch korrekter Wertschöpfung im Herzen des bösen Braunkohletagebau-Gebietes. Zu diesem Zweck nahmen sie hunderte Millionen Euro braven Steuerzahlern weg, um sie weniger braven Steuerzahlern hinterherzuwerfen. 142 Millionen in Brandenburg, 120 Millionen in Sachsen-Anhalt und 143 Millionen Euro in Thüringen flossen aus den Fördertöpfen der „Gemeinschaftsaufgabe zur Verbesserung der regionalen Wirtschaftsstruktur" vor allem in die Solarindustrie.

Inzwischen ist die Kohle weg – nur die gute alte Braunkohle liegt noch in der Gegend rum. Death Valley statt Solar Valley. Die Solar-Windbeutel haben sich aus dem Staub gemacht, von den versprochenen Arbeitsplätzen ist kaum noch einer vorhanden. Ganz einfach, weil sie in China Solarzellen viel billiger bauen können. Auf dem Umweg über Energiewende-Subventionen schuf der deutsche Steuerzahler durchaus Arbeitsplätze, aber nicht, wie geplant, in Bitterfeld, sondern in so schönen Städten wie Guangzhou, Hangzhou oder Xi'an. Wie sagt Bert Brecht in der Ballade „Von der Unzulänglichkeit des menschlichen Strebens":

Ja, mach nur einen Plan! Sei nur ein großes Licht! Und mach dann noch 'nen zweiten Plan. Gehn tun sie beide nicht.

Nun ist der Mensch nach einer solchen Pleite meist klüger. Allerdings nicht unbedingt in Deutschland. Und schon gar nicht, wenn es sich um Amtsinhaber handelt. So hat der niedersächsische Ministerpräsident und VW-Aufsichtsrat Stephan Weil (SPD) der *FAZ* ein Interview gegeben, in dem es um die Zukunft der Autoindustrie geht. Weil meint zunächst mal, man möge es mit verschärften Abgas-Grenzwerten nicht übertreiben, weil Volkswagen & Co sonst aus der Kurve getragen werden könnten. Das klingt eigentlich ganz vernünftig, schließlich lebt Niedersachsen nicht zuletzt von Steuerzahlungen, die von Volkswagen oder seinen Mitarbeitern geleistet werden.

Wer das Interview liest, muss sich aber dennoch sehr wundern. Denn da stehen sehr merkwürdige Sätze drin, von denen ich einige mal zitieren möchte. Zum Beispiel:

„Wir müssen mit der Verkehrswende ambitioniert weitermachen. Dazu gehört vor allem auch eine Transformation der Automobilindustrie."

Wen meint der Mann mit „Wir"? (Mich kann er jedenfalls nicht in sein Gebet mit einbeziehen.) Und was meint der Mann mit Verkehrswende? Fahren wir ab morgen rückwärts? Und was heißt „ambitioniert weitermachen?" Ambitioniert rückwärts fahren? Was haben wir unter einer „Transformation der Autoindustrie" zu verstehen? Fahrräder können die Chinesen doch billiger. Oder denkt er etwa an die „Große Transformation", also eine Lichterscheinung, die nur Ökopäpste sehen können, während alle anderen merken, dass es dunkel wird. Und vor allem: Wie kommt ein Politiker darauf, einer florierenden Industrie eine Transformation verpassen zu wollen? Hat er nichts Wichtigeres zu tun? Gibt's sonst nix zu transformieren?

Offenbar nein, denn Stephan-„Wir"-Weil sagt: „Wir müssen diese Industrie auf dem Weg in eine umweltgerechte Zukunft begleiten." Begleiten ist wirklich ein sehr schönes Wort. So wie er das sagt, muss man aber davon ausgehen, dass die Autoindustrie demnächst ins Hospiz wechselt, zwecks verständnisvoller Sterbebegleitung durch Stephan Weil. Denn „die Autos sind zwar effizienter geworden, aber es gibt mehr Autos und sie sind größer geworden. Das wird sich ändern müssen." Also weniger Autos, na gut. Und kleine Autos. Auch ne prima Idee, mit denen kann man nämlich kein Geld verdienen. Einfach gesagt: Die Autoindustrie muss schlicht aufhören, die Autos zu bauen, die die Bürger kaufen wollen. Dann wird alles gut. Die „große Transformation" ist gewissermaßen ein Fortbildungsprogramm für den deutschen Umwelt-Ignoranten, der starrsinnig massenweise Autos kauft, und dann auch noch große. Geht ja gar nicht.

Der Plan des VW-Aufsichtsrates Weil sieht so aus:

„Der Witz ist ja, dass das schönste Elektroauto für die Ökobilanz völlig unbedeutend ist, wenn es mit Kohlestrom betrieben wird. Der zielstrebige Ausbau der erneuerbaren Energien ist eine notwendige Bedingung dafür, dass wir eine erfolgreiche Verkehrswende schaffen."

Nachdem wir mit der Energiewende bereits gegen die Wand laufen, holen wir jetzt also turbomäßig Schwung, um auch die Autoindustrie einem finalen Crashtest zu unterziehen.

Wie sagt Stephan Weil so schön zur Energiewende: „Das Schüsselproblem ist damals gewesen, dass der Atomausstieg aus guten Gründen angeordnet worden ist. Mit der Frage der Umsetzung hat man sich erst später befasst. Umgekehrt wäre es klüger gewesen, wir hatten und haben deshalb erhebliche Probleme."

Ich versuche, diesen Gedankengang jetzt mal zu ordnen: Nachdem wir mit der Energiewende gegen die Wand gefahren sind und „erhebliche Probleme haben", brauchen wir jetzt noch mehr Windrädchen und chinesische Solarzellen, um auch die Autoindustrie gegen die Wand fahren zu können und noch mehr erhebliche Probleme zu haben. Und damit das auch zuverlässig klappt, machen wir sicherheitshalber die Kohlekraftwerke platt. Auf diese geniale Weise bringen wir den Bürger dazu, sehr kleine

Elektroautos zu kaufen, die zwangsläufig deutlich billiger in China produziert werden können. Nachdem die Arbeitsplätze dann erfolgreich nach China transformiert wurden, steigen wir aufs Fahrrad um und machen einen Ausflug von Bitterfeld ins Saale-Unstrut-Solar-Valley, um uns mit einem guten Tropfen die Kante zu geben.

A6, Ausfahrt Ramstein

Das Kinderbuch Struwwelpeter aus dem Jahre 1844 hat einen sogenannten pädagogischen Ansatz. Die verzogene Brut in Zappel-
philipp, Suppenkasper oder Hans Guck-in-die-Luft nimmt stets
ein böses Ende, weshalb man dem Buch mitunter einen autoritä-
ren Erziehungsstil vorwirft. Der Gedanke, dass man aus Schaden
klug werden könnte, ist ja auch total unsensibel. Lieber werden
wir aus Schaden nicht mehr klug. Die Antwort heißt 24 Stunden
Fahrradhelm.

Meine Lieblings-Geschichte ist der Hans Guck-in-die-Luft: Ein
Junge auf dem Weg zur Schule, der mit seinen Gedanken woanders ist und den Blick stets in den Himmel gerichtet hat. Seitdem
hat sich nicht viel verändert, heutige Knaben blicken allerdings
nicht in den Himmel, sondern auf ihr Smartphone, bevor sie mit
Fahrradhelm unter die Räder kommen.

Hans Guck-in-die Luft rennt einen Hund über den Haufen,
anschließend fällt er zur Erheiterung der Fische samt Schulmappe
ins Wasser. Wenn ich meiner Mutter glauben darf, so blickte
auch ich schon als Kleinkind beständig in den Himmel über der
Eifel. Dies allerdings nicht, weil ich mit den Gedanken woanders
war, sondern weil dort beständig amerikanisches Fluggerät übte.
Die Luftwaffenbasis Spangdahlem war gleich ums Eck und sorgte
stets für eine echte Qualitäts-Show da oben. Sowas prägt.

Mein liebster Autobahnabschnitt ist deshalb noch heute die
A6 bei Kaiserslautern. Daneben liegt das Hauptquartier der ame-
rikanischen Streitkräfte in Europa, die Ramstein-Airbase. Das ist
die europäische Drehscheibe für amerikanische Fracht- und Trup-
pentransporte. Die Anflugroute führt schräg über die Autobahn.
Mit etwas Glück schwebt gerade eine Lockheed C-5 Galaxy ein.
Das merkst du schon, bevor du den Riesenvogel siehst. Je nach
Sonnenstand wird es nämlich dunkel, weil der fliegende Dino-

saurier einen gewaltigen Schatten wirft. Dann fallen die Räder aus den Fahrwerksschächten und recken sich wie Krallen nach unten. Schließlich verschwindet das Ding donnernd hinter einem Wald.

Die russische Konkurrenz konnte man bis vor einiger Zeit noch regelmäßig über der A9 bei Leipzig beobachten. Dort waren sowjetische Antonow AN-124 Riesenfrachter heimisch. Den Hintergrund habe ich erst in diesem Jahr aus der Zeitung erfahren. Die Bundeswehr chartert von den Russen Flugfrachter, um im Krisenfall schweres Gerät zu transportieren. Jetzt hat das russische Charterunternehmen den Vertrag gekündigt. Wodurch die staunende Öffentlichkeit von einer strategischen Meisterleistung erfährt: Sollten die Russen irgendwo militärischen Ärger anzetteln, worin sie ja durchaus Übung haben, dann ruft die deutsche Generalität erst mal in Moskau an. Dann erbittet sie dort ein Flugzeug. Und erwartet allen Ernstes, dass die Russen westliche Truppen einfliegen, damit diese rechtzeitig auf eben jene Russen schießen können. Gut, dass das keiner Donald Trump erzählt hat. Der macht aus so was immer so hässliche Tweets.

Donald Trump hat ja auch gerade gesagt, dass die Deutschen ihm zu abhängig von russischem Gas sind und dass sie Putin reich machen. Ferner ist er der Meinung, dass die Energieversorgung für ein Land eine wichtige strategische Bedeutung hat. Das wirkte, als sei der Fuchs in den Hühnerstall eingebrochen. Sogenannte Faktenchecks wurden Trump entgegengeschleudert wie dem Vampir die Knoblauchzehe. Die Mühe hätte man sich eigentlich sparen können. Denn alles, was Trump sagte, hat man selbst vorher geschrieben. Das *Handelsblatt* schrieb vor vier Jahren: „Die Krim-Krise zeigt, wie abhängig Deutschland von Russland ist – denn das Land ist unser wichtigster Gaslieferant." Und der *Spiegel* blies ins gleiche Horn: „Deutschland ist in hohem Maße abhängig von Energie aus Russland, insbesondere von russischem Gas."

Seitdem hat sich höchstens eines geändert: Die Abhängigkeit von russischem Gas ist noch größer geworden. Der deutsche Atomstrom versorgte das Land bislang zu einem großen Anteil mit zuverlässig bereitstehendem Strom für die Grundlast. Da Erneuerbare Energien die Lücke nicht verlässlich ausfüllen können, steigen auch die deutschen Energieimporte. Die Versorgungssicherheit nimmt seit der Energiewende ab. Um diesen Zustand weiter zu befördern, wollen unsere Nachtwächter jetzt auch noch möglichst schnell aus der Kohle aussteigen und haben das unkonventionelle „Fracking" faktisch verboten. Die Technologie also, die es den USA ermöglichte, sich von Importen aus Nahost unabhängig zu machen.

Bildlich gesprochen: Putin freut sich über jedes deutsche Windkraftwerk, da vor allem Gaskraftwerke für die Zeit bereitstehen müssen, in der der Wind nicht weht. Nach Gerhard Schröder führt Angela Merkel Deutschland weiter konsequent in Energiegeiselhaft. Donald Trump hat Deutschland vor dem Nato-Gipfel als „Gefangene" Russlands bezeichnet. Merkel sagte dazu, dass sie selbst erlebt habe, „dass ein Teil Deutschlands von der Sowjetunion kontrolliert wurde". Ja erlebt hat sie es, gelernt hat sie daraus aber offensichtlich nichts. Die Tatsache jedenfalls, dass Gerhard Schröder, der mit Jürgen Trittin den Atomausstieg einleitete, heute auf der Payroll von Putin steht, zeigt Wladimir Wladimirowitschs tiefes Gefühl der Dankbarkeit.

Der amerikanische Präsident, kein besonders taktvoller Zeitgenosse, macht die Energiewende – ohne sie zu nennen –, so platt wie ein Sherman Panzer den Westwall. Da spricht einer auf dem Nato-Gipfel plötzlich etwas vor aller Welt aus, was unsere politischen und medialen Sparleuchten eigentlich unter der Decke halten wollten. Die Energiewende ist ja nicht nur eine sicherheitspolitische Katastrophe, sondern ein Angriff auf die Industrienation als solche. Sie trägt nicht zur Erreichung irgendwelcher Klimaziele bei, sondern kostet Wohlstand und zerstört Landschaft und Natur. Noch nie hat sich ein Industrieland für so viel Geld so gründlich blamiert. Bedauerlicherweise gilt das auch für die Bundeswehr, die eigentlich keine Armee mehr sein soll, sondern so eine Art Sozialdienst, der das Essen auf Rädern mit Kettenfahrzeugen ausliefert.

Konflikte werden in diesem Land nicht ausgetragen, sondern von der Politik outgesourced, egal ob es sich um die Gewinnung fossiler Energie, Atomkraft oder Landesverteidigung handelt. Sollen es doch die Russen für uns machen oder die Amerikaner oder wer auch immer. Oder, wie im Falle der Migrationspolitik, soll es die Bevölkerung richten, ohne dass man sie jemals gefragt hat, ob sie Bock auf so was hat.

Womit wir wieder beim Anfang gelandet sind. Deutschland ist der Hans Guck-in-die-Luft des Westens, der über den Hund stolpert und wohl erst einmal baden gehen muss. Und bitte nicht Donald Trump weitersagen: Wenn er sich durchsetzt, dann werden wir künftig statt 1,5 Prozent eben vier Prozent des Brutto-Inlandproduktes für eine Bundeswehr ausgeben, die sich nicht wehren soll. Das kriegen wir hin.